Christel Dhom

Unser Advents- und Weihnachtsbuch

Christel Dhom

Unser Advents- und Weihnachtsbuch

Tag für Tag durch die
schönste Zeit des Jahres

Verlag Freies Geistesleben

Christel Dhom, geboren 1960, ist ausgebildete Erzieherin, Waldorfkindergärtnerin und Heilpädagogin. Sie arbeitet als Förderlehrerin an der Freien Waldorfschule Westpfalz.
Im Verlag Freies Geistesleben erschienen von ihr: *Zauberhafte Märchenwolle; Unser Garten- und Naturbuch; Unser Frühjahrs- und Osterbuch; Unser Sommer- und Herbstbuch; Spiel mit mir – sprich mit mir.*

2. Auflage 2005
Verlag Freies Geistesleben
Landhausstr. 82, 70190 Stuttgart
Internet: www.geistesleben.com
ISBN 3-7725-2222-X

© 2002 Verlag Freies Geistesleben & Urachhaus GmbH, Stuttgart

Sämtliche Anleitungen und Texte dieses Buches sind urheberrechtlich geschützt und dürfen nur nach vorheriger Genehmigung reproduziert oder zu kommerziellen Zwecken verwendet werden. Auch das Recht der Vertonung der Texte bleibt vorbehalten.

Fotos: Wolpert & Strehle (Studio), Dhom (Außenaufnahmen und diverse)
Illustrationen: B. Bayer-Stichler
Notensatz: Master Kitchen, Ludwigsburg
Einbandfoto: Bildagentur Mauritius
Druck: Henkel GmbH, Stuttgart

Inhalt

Weihnachtserinnerungen – ein Vorwort 6
1. Dezember 8
  Der Adventskalender   8
  Adventskalender aus Jutesäckchen   9
  Schoko-Mandel-Makronen   10
  Das Wichteln   10
2. Dezember 12
  Wie der Adventskranz entstand   12
  Ein selbst gefertigter Advents- oder Türkranz   13
  Schüsselkuchen   14
3. Dezember 16
  Unsere Weihnachtskrippe – ein Vorschlag   16
  Schafe, Ochs und Esel aus Wolle für die Krippe   17
  Traditioneller Christstollen   19
  Der Christstollen und sein Ursprung   19
4. Dezember 21
  Fünfsternlämpchen (Pentagondodekaeder)   22
  Orangengelee   23
  Der blühende Kirschzweig   24
5. Dezember 26
  Verzierte Kerzen   27
  Elisenlebkuchen   27
  Ein Lebkuchen für Elise   28
6. Dezember 30
  Nikolausstiefel   31
  Knuspernüsse   32
  Nikolausgeschichte   32
  Lebkuchenessen   33
7. Dezember 35
  Moosherz oder Moosstern   36
  Sternkuchen   37
  Mistelzweige zur Weihnachtszeit   37
8. Dezember 39
  Engel   40
  Haselnuss-Zimt-Taler   40
  Von der Weihnachtsmaus   41

9. Dezember 43
   Gefilztes Puppenbett   44
   Adventsmuffins   45
   Es ist einer verschwunden   46

10. Dezember 47
   Maria und Josef aus Wolle für die Krippe   48
   Vom Ursprung der Weihnachtskrippe   49
   Butterplätzchen   50

11. Dezember 52
   Getrocknete Orangenscheiben, Apfelscheiben und Zitronen   53
   Walnusspralinen   53
   Essen raten   54

12. Dezember 55
   Kiefernzapfen als Fensterschmuck   56
   Birnen im Winterschlaf   56
   Die Christrose   57

13. Dezember 59
   Sternenlicht   60
   Schoko-Erdnuss-Konfekt   61
   Lucia. Eine Legende   61

14. Dezember 64
   Weihnachtsteller mit Moosstern   65
   Heiße Orangen   65
   Der Weihnachtsbaum und seine Geschichte   65

15. Dezember 67
   Hirten aus Wolle für die Weihnachtskrippe   68
   Dattelmakronen   69
   Taschenlampendetektiv   69

16. Dezember 71
   Gefilzte Tasche   72
   Schoko-Kokos-Kugeln   74
   Die Suche nach dem Christkind   74

17. Dezember 77
   Wabenkerzen   78
   Marzipankartoffeln   79
   Pizza backen   79

18. Dezember 80
   Weihnachtskarten   81
   Orangenschnitten   83
   Weihnachten in anderen Ländern   83

19. Dezember 86
   Duftsterne oder Duftherzen aus Ton   87
   Hindernislauf im Wohnzimmer   88
   Aprikosen-Mandel-Taler   88

20. Dezember 90
   Stern aus Wolle   91
   Ein schöner Seidenschal   91
   Wolfzahngebäck   93

21. Dezember 95
   Geschenkpapier   97
   Geschenkanhänger   97
   Fruchtschnitten   98
   Einige Gedanken zum Schenken   98
   Verpackungen für kleine Geschenke   99

22. Dezember 102
   Weihnachtssterne aus Filz als Tischdekoration   103
   Printen   104
   Vom kleinen Tannenbaum   104

23. Dezember 106
   Seidenpapierengel   107
   Weihnachtsmandeln   109
   Vertauschte Schuhe   109

24. Dezember 111
   Christuskind aus Wolle für die Krippe   112
   Vegetarisches Festtagsmenü   113
   Das Weihnachtsevangelium nach Lukas   114

Die Weihnachtszeit 116

31. Dezember 118
   Wie der Kaiser geheilt wurde   119
   Sesamcracker   120
   Knusperstangen (Grissini)   120
   Apfelschalenspiel   121

1. Januar 122
   Glücksschweine oder Neujahrsbrezeln   123
   Kerzen aus Bienenwachsresten   124

6. Januar 125
   Das Weihnachtsevangelium nach Matthäus   126
   Königskuchen   127
   Drei Könige aus Wolle für die Königskrippe   128
   Gestaltungsvorschläge für den Dreikönigstag   128

Verzeichnis der Lieder und Gedichte 132
Quellenangaben 133
Bezugsquellen 133

Weihnachtserinnerungen – ein Vorwort

Im Lehrerzimmer entstand eine Diskussion darüber, ob es bei den Weihnachtsfeiern der unteren Klassen neben den Schülerdarbietungen auch einen gemütlichen Teil mit Plätzchen, Lebkuchen und Punsch geben sollte. Die Erfahrungen der einzelnen Kollegen gingen dahin, dass die meisten Kinder keine große Freude daran hätten, Weihnachtsgebäck nichts Besonderes mehr sei und sie lieber herumtoben wollten. Eine weihnachtliche Stimmung würde dadurch nicht gerade hervorgerufen.

Angeregt durch diese Unterhaltung, stiegen in mir einige Erinnerungen auf. Vor vielen Jahren, als unsere Familie noch sehr jung war, versuchten wir, für uns Formen und Traditionen der Festgestaltung zu finden. Geprägt durch unsere jeweiligen Herkunftsfamilien, aber vor allem auch durch die intensive Auseinandersetzung mit der Anthroposophie und durch unsere Ausbildung, fanden wir für unsere Familie ein Brauchtum, mit dem wir, im Rückblick gesehen, sehr zufrieden waren.

Nun, mein Mann aß gerne Plätzchen, und so wie ich sie backte, waren sie auch bald vernascht. Für Weihnachten konnte ich gerade noch einen kleinen Rest retten. Wir freuten uns schon sehr auf das Weihnachtsfest mit allem, was dazu gehörte – und vor allem auf die strahlenden Kinderaugen. Wie würden die Kinder wohl reagieren auf die in wochenlanger Arbeit selbst gefertigten Spielsachen? Wenige Tage vorher hörte ich, wie in einem Geschäft eine Frau zur Verkäuferin sagte: «Ach, bin ich froh, wenn der ganze Rummel wieder vorbei ist! Und das ganze Süßzeug steht mir schon bis oben hin!»

Ich dachte an meine Ausbildungszeit am Seminar. Dort vermittelte man uns, dass die Tage und Wochen vor einem Fest seiner Vorbereitung dienen und das Fest selbst der Höhepunkt ist, dem nichts vorweggenommen werden sollte. Wie Schuppen fiel es mir von den Augen: Klar, die Plätzchen sind für die Feiertage und dürfen nicht schon vorher gegessen werden. Mein Mann und ich sprachen ausführlich darüber und hatten uns das eine oder andere vorgenommen, inwieweit wir unsere Formen der Festgestaltung wieder ändern sollten.

Im nächsten Jahr gab es schon Ende September die ersten Lebkuchen in den Geschäften. Ich muss zugeben, es fiel mir nicht leicht, daran vorbeizugehen und sie liegen zu lassen, verband ich mit ihrem Duft doch Behaglichkeit. Das Plätzchenbacken verlegten wir in die Adventszeit. Die Kinder halfen eifrig mit, durften von jeder Sorte welche versuchen und hatten kein Problem damit, dass das «Christkind» sie holte, um sie bis Weihnachten aufzubewahren.

Darüber hinaus bastelten wir Fensterschmuck, Weihnachtskarten, Paketanhänger und kleine Geschenke für Paten und Großeltern. Die Kinder durften Helfer des Christkindes sein und beim Verpacken des einen oder anderen Geschenkes mithelfen. Ihre eigenen Geschenke entstanden natürlich heimlicherweise. Abends saßen wir alle im Wohnzimmer, hatten die

Kerzen des Adventskranzes angezündet und sangen Weihnachtslieder. Selbstverständlich gab es auch eine Geschichte. Mit zunehmendem Alter konnten die Kinder die Lieder mit ihren Instrumenten begleiten.

Der Weihnachtsabend selbst wurde mit großer Spannung erwartet. Werden wir wieder einen Weihnachtsbaum haben? Für unsere Kinder war klar, dass manche Leute sich einen Baum kauften und andere, auch wir, einen vom Christkind gebracht bekamen. Während mein Mann mit den Kindern, die schon ihre festlichen Kleider trugen, durch die Straßen spazierte, um die weihnachtlich geschmückten Fenster anzuschauen und zu raten, wo wohl das Christkind schon war und schon ein Weihnachtsbaum stand, hatte ich zu Hause allerhand zu erledigen: den Baum schmücken, Plätzchenteller bereitstellen, Geschenke unter den Baum legen usw. Das musste alles gut organisiert sein, denn es blieb nicht viel Zeit dafür. Nach dem Spaziergang gingen wir gemeinsam zur Kirche. Dort hörten wir von Maria und Josef, dem Stern und dem Stall, den Hirten und natürlich vom Kind in der Krippe. Auf dem Nachhauseweg musste mein Mann oder ich rasch «zur Toilette vorauseilen». Bis die anderen dann kamen und ihre Jacken und Schuhe ausgezogen hatten, waren die Kerzen angezündet und unser Wohnzimmer hell erleuchtet. Wie war die Freude groß, als alle Plätzchen wieder da waren und das Christkind uns einen Weihnachtsbaum gebracht hatte! In der Krippe lag das Kind – das untrügliche Zeichen dafür, dass wir während unserer Abwesenheit Besuch hatten. Viele Jahre standen diese Dinge vor dem Päckchenauspacken im Vordergrund.

Die Kinder wurden größer und wuchsen allmählich zu Jugendlichen heran. Sie beteiligten sich mehr und mehr an den Vorbereitungen, wie z.B. dem gemeinsamen Schmücken des Weihnachtsbaumes. Es gab immer wieder Veränderungen der Festgestaltung, aber auch geliebte Gewohnheiten, an denen gerne festgehalten wurde.

Im Erwachsenenalter gibt es immer wieder Krisen, die gemeistert werden müssen. In solchen Zeiten können Erinnerungen an schöne, freudige Ereignisse aus der Kindheit hilfreich sein. Als Eltern und Erzieher haben wir die Möglichkeit, durch Traditionen unsere Feste so zu gestalten, dass sich unsere Kinder – und selbstverständlich auch wir uns – gerne daran erinnern. So wirkt die Freude weit über den Augenblick hinaus.

Im Folgenden sind traditionelle, aber auch neue Rezepte, Lieder, Spiele, Geschichten, Bastelanleitungen und Gedichte zu finden. Eine Vielzahl ganz unterschiedlicher Beschäftigungsmöglichkeiten sollen Groß und Klein erfreuen und die Adventszeit zu einer Zeit werden lassen, an die man gerne zurückdenkt.

1. Dezember

Nun kommt für uns die schöne Zeit,
da werden Erd und Himmel weit,
ein großer Stern mit hellem Licht
in unsre dunklen Herzen bricht.

Manch grünes Tännlein wartet fein,
es möchte gern voll Lichter sein.
O warte, Baum, bis zu der Frist,
da uns das Kind geboren ist.

Ihr Menschenkinder habet Acht
des Sternes, der am Himmel wacht;
denn alles Leid und aller Streit
vergehet vor der Ewigkeit.

Hannes Kraft

Der Adventskalender

Ein Adventskalender gilt für die Zeit vom 1. bis 24. Dezember und soll das Warten auf das große Fest verkürzen. Er wurde vor ungefähr 100 Jahren von dem schwäbischen Pfarrerssohn Gerhard Lange erfunden. Dieser gründete in München eine Druckerei und gab die ersten gedruckten Adventskalender am Anfang des letzten Jahrhunderts heraus. Sehr schnell verbreitete sich diese gute Idee im süddeutschen Raum, dann in anderen europäischen Ländern bis in die Vereinigten Staaten.

Zunächst fand sich für jeden Tag ein Fensterchen, das die Kinder öffnen durften und hinter denen sich Bilder mit religiösen Motiven verbargen. Später waren an dieser Stelle kleine Schokoladenfiguren wie Teddybär, Auto, Stern oder Glocke zu finden.

Inzwischen hat der Adventskalender eine Vielzahl von Abwandlungen und Gestaltungsvariationen erfahren. So zum Beispiel ist es ein schöner Brauch, jeden Tag für eine gute Tat einen Strohhalm in die Krippe zu legen, damit das Christkind am Heiligen Abend schön weich liegen kann.

Sehr beliebt bei Groß und Klein sind selbst gefertigte Adventskalender. Ganz individuell können sie ausgestaltet und gefüllt werden. Es eignen sich dafür Süßigkeiten oder andere kleine Gegenstände wie Radiergummi, Spitzer, Haargummi, Edelstein, Zwerg usw. Aber auch Bastelanleitungen, Rezepte, Lieder, Gedichte und Vorschläge für Unternehmungen, die auf einen Zettel aufgeschrieben wurden, können in einem Adventskalender zu finden sein und zu einem wichtigen Bestandteil der Vorweihnachtszeit werden.

Adventskalender aus Jutesäckchen

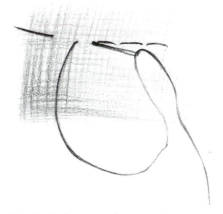

Material:
- Jutestoff 100 x 120 cm
- ca. 12 m rotes Band, 1 cm breit
- Nähzeug
- zum Schmücken: Sterne oder andere Holzfiguren

Anleitung:

Aus dem Jutestoff schneiden wir 24 Stoffstücke in der Größe 13 x 34 cm. Die Stoffstücke falten wir in der Mitte und schließen mit einem Steppstich jeweils die Seitennähte, wobei wir 1,5 cm als Rand stehen lassen. Anfang und Ende werden gut vernäht. Dies können wir per Hand oder mit einer Nähmaschine erledigen. Das Versäubern der Nähte ist nicht erforderlich, da die Säckchen ja nicht stark strapaziert werden.

Sind alle 24 Säckchen fertig genäht, wenden wir sie und füllen sie mit Süßigkeiten, kleinen Spielsachen oder den beschriebenen Zettelchen. Die Säckchen sind so groß bemessen, dass für mehrere Familienmitglieder etwas hineinpasst und nicht jeder einen eigenen Adventskalender benötigt.

Die gefüllten Säckchen werden mit einem roten Band mit einer Schleife zugebunden. Jedes zweite Säckchen können wir mit einem Stern oder einer kleinen Holzfigur schmücken. Zum Schluss werden alle Säckchen an ein langes, rotes Band gebunden. Der fertige Adventskalender findet waagerecht an einer Wand Platz, oder wir lassen ihn senkrecht an einem Türpfosten herunterhängen.

Schoko-Mandel-Makronen

Zutaten:
- 3 Eiweiß
- 150 g brauner Zucker
- 125 g Zartbitterschokolade
- 250 g Mandeln, gemahlen

Zubereitung:
Das Eiweiß zu sehr steifem Schnee schlagen und nach und nach den Zucker dazugeben. Fein gemahlene Schokolade und Mandeln vorsichtig unterheben. Mit einem Teelöffel kleine Häufchen auf ein mit Backpapier ausgelegtes Blech setzen. Im vorgeheizten Ofen bei 150 °C 25 Minuten backen.

Das Wichteln

Das Wichteln ist ein schönes Spiel für die Adventszeit. Es ist geeignet für eine große Familie, ein Kollegium oder eine Schulklasse. Jeder schreibt seinen eigenen Namen auf einen Zettel, faltet ihn zusammen und legt ihn in ein Körbchen. Aus diesem Körbchen ziehen dann alle einen Zettel und finden darauf den Namen desjenigen, den sie in der Adventszeit bedenken dürfen.

In welcher Form man den anderen bedenkt, sollte auf jeden Fall vor Spielbeginn mit allen Teilnehmern besprochen werden. Denkbar wäre z.B., dass man ein- bis zweimal in der Woche mit Süßigkeiten oder kleinen Geschenken, wie einer Karte mit einem Spruch, bedacht wird. Es kann aber auch ganz nett sein, mit einer «Dienstleistung» beschenkt zu werden. So würde beispielsweise Peter für Bärbel die Spülmaschine ausräumen, aber so, dass Bärbel davon gar nichts merkt. Die Wichtel arbeiten heimlicherweise und sollen nicht entdeckt werden. Das erhöht die Spannung, aber auch die Freude am Spiel.

Man kann den Wichtel in der Anonymität lassen, das heißt, ich erfahre nicht, wer mich beglückt hat. Die Wichtel können sich aber auch während einer kleinen Adventsfeier zu erkennen geben. Sie werden dann von demjenigen beschenkt, den sie die ganze Adventszeit über bedachten. Dabei gibt es so allerlei Überraschungen …

Der tiefere Sinn des Wichtelns liegt darin, dass man sich nicht einen Freund innerhalb einer Gruppe aussucht, dem man gern eine Freude macht, sondern dass man sich um jemanden Gedanken machen darf/soll, den man vielleicht gar nicht gut kennt oder gar nicht mag. Sich mit einem Menschen zu verbinden, der einem nicht unbedingt nahe steht, kann so manches Eis zum Schmelzen bringen.

Es ist für uns eine Zeit angekommen

2. Es schlafen Bächlein und See unterm Eise, es träumt
   Der Wald einen tiefen Traum:
   Durch den Schnee, der leise fällt, wandern wir, wandern wir
   Durch die weite, weiße Welt.

3. Vom hohen Himmel ein leuchtendes Schweigen erfüllt
   Die Herzen mit Seligkeit:
   Unterm sternbeglänzten Zelt wandern wir, wandern wir
   Durch die weite, weiße Welt.

2. Dezember

Advent

Wir flechten zum Feste
vom Tännchen die Äste,
die Kerzen erglänzen
nun bald auf den Kränzen,
sie werden im Dunkeln
schön flammen und funkeln!
Klingklingkling, nun ist Advent,
und das erste … Lichtlein brennt,
leuchtet schön in hellem Glanz
auf dem grünen Tannenkranz!

Hedwig Diestel

Wie der Adventskranz entstand

Vor ungefähr 150 Jahren gründete der evangelische Pfarrer Johann Hinrich Wichern in der Nähe von Hamburg das so genannte «Raue Haus». Dort fanden sowohl Kinder als auch Jugendliche, die kein richtiges Zuhause hatten und um die sich niemand kümmerte, eine neue Heimat. Wichern wollte für diese Menschen, die meist aus sehr ärmlichen Verhältnissen stammten, eine stimmungsvolle Adventszeit gestalten. Er nahm einen großen Holzreif von ca. zwei Metern Durchmesser und stellte 24 Kerzen darauf. Ähnlich einem Kronleuchter wurde dieser Reif aufgehängt. Jeden Abend versammelten sich dort seine Zöglinge; dann wurde von Weihnachten erzählt, und Lieder gesungen. Täglich zündeten sie eine Kerze mehr an, bis am Weihnachtstag alle 24 brannten und der Raum hell erleuchtet war. Alle konnten erleben, wie in der dunkelsten Jahreszeit Licht und Wärme ins Haus gekommen waren.

Nach einiger Zeit wurde der Holzreif mit Tannengrün als Zeichen der Hoffnung geschmückt. Anstatt der ursprünglich 24 Kerzen verwendete man dann nur noch vier dicke rote Kerzen für die vier Sonntage vor Weihnachten.

Der Brauch, aus Tannen einen Kranz zu binden, hat sich zunächst in evangelischen Familien von Norddeutschland aus verbreitet und ist heute weltweit zu finden.

Ein selbst gefertigter Advents- oder Türkranz

Material:
- Strohkranz als Unterbau
- Blumenbindedraht in grün
- vier Kerzen
- Tannen-, Buchs-, oder Thujazweige, Efeu
- zum Schmücken nach Belieben Schleifen, Orangenscheiben, Walnüsse, kleine Äpfel, Zapfen usw.
- Gartenschere und Zange

Anleitung:
Das grüne Bindematerial wird mit einer Gartenschere in Längen von 8 bis 10 cm geschnitten und sortiert auf einem Tisch ausgebreitet. Nun wird ein kleines Bündel davon mit Draht auf den Strohkranz gebunden. Die Tannenspitzen sind in Uhrzeigerrichtung angeordnet. Gleichmäßige Bündel werden in der Mitte, am äußeren Rand und am inneren Rand des Strohkranzes festgebunden, wobei in der Mitte und außen mehr Grün gebraucht wird als auf der Innenseite. Über den ganzen Unterbau wickeln wir gleichmäßig den Kranz. Etwas Mühe und Übung erfordert die Stelle, an der das Ende und der Anfang verschmelzen sollen. Gelingt es einmal nicht so gut, setzen wir dort eine schöne dicke Schleife.

Je nachdem, ob der Kranz als Adventskranz oder Türkranz dienen soll, schmücken wir ihn unterschiedlich, wie es auf den Fotos zu sehen ist.

Schüsselkuchen

Zutaten für den Biskuitteig:
- 2 Eier
- 2 EL heißes Wasser
- 100 g brauner Zucker
- 1 Messerspitze Bourbon-Vanille
- 100 g Dinkelmehl 1050
- 1 EL Kakao
- 1 TL Backpulver
- 200 ml Bohnen- oder Malzkaffee
- 1 Schnapsglas Kirschwasser oder Amaretto
- 1 Glas eingekochte Sauerkirschen

Zubereitung:
Eier, Wasser, Zucker und Bourbon-Vanille werden schaumig gerührt. Dann Mehl, Backpulver und Kakao vermischen, fein sieben und unter die Teigmasse heben. Das Ganze in einer Springform etwa 20 Minuten bei 175 °C backen.
Den gebackenen und abgekühlten Biskuit in Würfel schneiden und in eine Schüssel geben. Eine Tasse Bohnen- oder Malzkaffee mit einem Schnapsgläschen (2 cl) Kirschwasser oder Amaretto vermischen und über den Teigwürfeln verteilen. Nun ein Glas entsteinte und in einem Sieb gut abgetropfte Sauerkirschen auf die Teigwürfel geben.

Zutaten für die Creme:
- 250 g Mascarpone
- 250 g Sahne
- 2 EL brauner Zucker
- 250 g Quark
- 1–2 EL Kakao

Mascarpone, Sahne, Quark und Zucker schaumig rühren und zu einer Creme verarbeiten. Diese über den Sauerkirschen verteilen. Danach ein bis zwei Esslöffel Kakao darüber sieben. Zum Schluss mit Sahnehäubchen, Schokoladenblättern oder Kirschen garnieren. Vor dem Essen kühl aufbewahren.

Variante:
Statt des dunklen Biskuits kann auch Leb- oder Honigkuchen verwendet werden. Ist einmal ein anderer Kuchenteig nicht gelungen oder nicht heil aus der Form gekommen, so lässt er sich zu einem Schüsselkuchen verwandeln. Zu einem hellen Biskuit passen auch andere Obstsorten wie Himbeeren, Ananas, Mandarinen. Der Alkohol kann ersatzlos gestrichen werden.

Über Sterne, über Sonnen

Melodie: Edmund Pracht (1898 – 1974) Text: Karl Schubert (1889 – 1949)

1. Über Sterne, über Sonnen, leise geht Mariens Schritt, lauter Gold und lichte Wonnen nimmt sie für ihr Kindlein mit. Wenn Maria heilig schreitet, von der Sterne Chor geschaut, wird von ihrer Hand bereitet, was zur Weihnacht niedertaut.

2. Ruft die Sonne auf zum Weben
   für des Kindleins lichtes Kleid,
   Bittet dann den Mond zu geben
   Ihrem Kinde Glück und Freud.

3. Alle Sternlein spannt sie singend
   an den großen Wagen an,
   Ziehet durch den Himmel klingend,
   kommt so auf der Erde an.

4. Wie Strophe 1

3. Dezember

Advent

Es treibt der Wind im Winterwalde
Die Flockenherde wie ein Hirt,
Und manche Tanne ahnt, wie balde
Sie fromm und lichterheilig wird,
Und lauscht hinaus. Den weißen Wegen
Streckt sie die Zweige hin bereit,
Und wehrt dem Wind und wächst entgegen
Der einen Nacht der Herrlichkeit.

Rainer Maria Rilke

Unsere Weihnachtskrippe – ein Vorschlag

Für unsere Krippe haben wir schon ein bis zwei Tage vor dem ersten Advent auf Spaziergängen Steine, Äste, Zapfen, Zweige, Moos und Rindenstücke mitgebracht. Daraus gestalten wir zusammen mit den Kindern eine Landschaft auf einem kleinen Tisch im Wohnzimmer, wobei erst die Steine und dann die Pflanzen zum Einsatz kommen. Im Hintergrund befindet sich ein blaues Tuch als Himmel. An jedem Tag im Advent erscheint dort ein Stern, sodass an Weihnachten 24 Sterne zu sehen sind.

Auf der linken Seite steht eine Hütte, die aus Rindenstücken oder einem Astbogen aufgebaut wurde und mit Stroh ausgelegt ist. Dorthin führt durch die ganze Mooslandschaft ein Weg aus kleinen Steinen. Dann erscheinen nach und nach die Schafe. Ochs und Esel kehren im Stall ein. Erst wenn der Engel am Stall zu sehen ist, machen sich Maria und Josef auf den Weg dorthin. Jeden Tag rücken sie ein wenig näher, während die Hirten auf dem Felde ihre Schafe hüten. Am 24. Dezember kommen Maria und Josef im Stall an, und in der Krippe liegt das Christuskind.

Eine so begonnene Tradition kann in jedem Jahr wiederholt werden und wird zu einem festen, ja sogar wesentlichen Bestandteil der Vorweihnachtszeit.

Schafe, Ochs und Esel aus Wolle für die Krippe

Schaf

Material:
- weiße Schafwolle im Vlies
- Pfeifenputzer
- Nähzeug

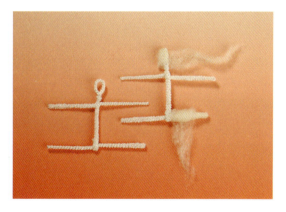

Anleitung:
Aus Pfeifenputzern, die wir um ein Drittel gekürzt haben, biegen wir eine Schäfchenform nach unserer Abbildung, einen Pfeifenputzer für Kopf und Rumpf und je einen für zwei Beine. Wir beginnen mit weißer Wolle hauchdünn den Pfeifenputzer am Maul zu umwickeln und dann den Kopf selbst. Als Nächstes wickeln wir eine Schicht am Ende eines jeden Beines, biegen ca. 1 cm um, damit die Wolle nicht abrutschen kann, wickeln noch einmal darüber und gestalten danach das ganze Bein. Wir achten darauf, dass das Bein am Fuß dünner

ist als am Schenkel und die Hinterbeine dicker als die Vorderbeine sind. Nun wickeln wir vom Kopf zum Hals und dann den ganzen Körper des Schäfchens. Für die Ohren und den Schwanz fädeln wir ein dünnes Stückchen Wolle durch eine Stopfnadel und ziehen es an den entsprechenden Stellen durch das Schäfchen. Die Enden schneiden wir mit der Schere in Form und drehen sie zwischen den angefeuchteten Fingerspitzen. Zum Schluss biegen wir das Schäfchen in eine möglichst naturgetreue Haltung.

Für die Krippe benötigen wir mehrere Schafe, die alle nach dieser Anleitung hergestellt werden und nach und nach zur Krippenlandschaft hinzukommen.

Ochs

Material:
- braune Schafwolle
- Pfeifenputzer
- Nähzeug

Anleitung:
Ein Ochs wird nach der Anleitung des Schafes hergestellt, jedoch mit ungekürzten Pfeifenputzern und aus brauner Wolle. Die Ohren sind etwas größer, und außerdem hat der Ochs zwei Hörner. Dafür ziehen wir ein helles Wollfädchen durch den Kopf und drehen die Enden zwischen den angefeuchteten Fingerspitzen.

Esel

Material:
- graue Schafwolle
- Pfeifenputzer
- Nähzeug

Anleitung:
Auch der Esel wird nach der Anleitung des Schafes hergestellt. Er wird aus grauer Wolle und ungekürzten Pfeifenputzern gefertigt. Der Esel hat lange, spitze, hochstehende Ohren und eine kurze Mähne im Nacken.

Traditioneller Christstollen

Zutaten (für zwei Stollen):
- 300 g Sultaninen
- 100 g Zitronat
- 100 g Orangeat
- 200 g Mandeln
- 4 EL Rum oder Zitronensaft
- 750 g Dinkelmehl 1050
- 80 g Hefe
- 1 Prise Salz
- 1/4 l Milch
- 300 g Butter
- 100 g Zucker
- 1 Päckchen Bourbon-Vanillezucker
- Puderzucker zum Bestreuen

Zubereitung:
Zitronat, Orangeat und Mandeln sehr fein hacken, Sultaninen untermengen, mit Rum oder Zitronensaft übergießen und eine halbe Stunde ziehen lassen. Das Mehl in eine Schüssel sieben und in die Mitte eine Mulde drücken. Salz, Zucker, Bourbon-Vanillezucker, in Flöckchen geschnittene Butter und die in der erwärmten Milch aufgelöste Hefe darauf verteilen, zu einem Teig verkneten und an einem warmen Ort 30 Minuten gehen lassen.
Anschließend die fein geschnittenen Früchte und Mandeln dazugeben, gut verkneten und weitere 30 Minuten gehen lassen.

Jetzt den Teig in zwei Hälften teilen und jeweils zu einem Rechteck ausrollen. Zwei Seiten einschlagen, sodass sie in der Mitte übereinander liegen und dadurch die typische Stollenform entsteht. Auf ein mit Backpapier ausgelegtes Blech legen und weitere 30 Minuten gehen lassen.
Mit der zweiten Hälfte ebenso verfahren oder aber den Teig in fünf bis sechs Stücke teilen, zu Kugeln formen, die dann nach dem Gehen zu «Ministollen» gebacken werden. «Ministollen» sind, in Cellophanpapier verpackt, ein sehr nettes Geschenk.
Ein großer Stollen wird 60 Minuten bei 190° C gebacken. Bei den «Ministollen» verringert sich die Backzeit je nach Größe des Teiges.
Nach dem Abkühlen wird der Stollen in Alufolie aufbewahrt. Er ist viele Wochen haltbar, schmeckt aber auch frisch ganz gut. Vor dem Servieren wird er mit etwas Puderzucker bestreut.

Der Christstollen und sein Ursprung

Die Geschichte des Christstollens, ein so genanntes Gebildebrot, geht bis ins 13. Jahrhundert zurück. Der übereinander geschlagene Teig galt als die Krippe oder das in weiße Tücher gewickelte Christuskind. Selbstverständlich wird er bis heute nur in der Weihnachtszeit gebacken.
Erstmals wurde der Stollen 1329 in einem alten Schriftstück erwähnt. Die Bäcker von Naumburg an der Saale in Sachsen waren bereit, ihrem Bischof Heinrich zu Weihnachten einen Weizenstollen zu bringen. Daraus entwickelte sich die Zinspflicht der Bäcker an den Landesfürsten. Bis 1913 wurde das Schloss durch die Bäckerinnung mit Christstollen beliefert.

Dresdner Christstollen ist inzwischen weltberühmt. Es gibt hunderte verschiedener Stollen, die alle sehr gehaltvoll sind. Früher war der Stollen lange Zeit den Königs- und Fürstenhäusern oder den reichen Klerikern und Patriziern vorbehalten. Viele Gewürze und mediterrane Zutaten hatten einen langen Handelsweg und waren deshalb sehr teuer. Für die einfachen Leute waren sie unbekannt oder unerschwinglich.

Von Sachsen aus, das als eine wohlhabende Gegend galt, verbreitete sich die Stollenbäckerei. Heute sind die wertvollen Zutaten für einen Stollen bei uns überall erhältlich und für jedermann erschwinglich, sodass wir uns alle einer solchen Köstlichkeit zu Weihnachten erfreuen können. Ein selbst gebackener Christstollen ist immer noch etwas Besonderes.

Winternacht

Melodie: Alois Künstler
Text: Christian Morgenstern

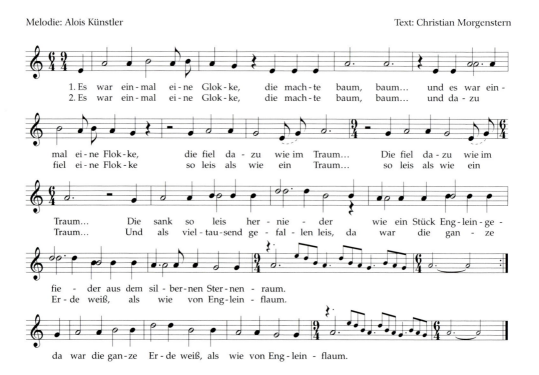

4. Dezember

Am 4. Dezember

Geh in den Garten
am Barbaratag.
Gehe zum kahlen
Kirschbaum und sag:

Kurz ist der Tag,
grau ist die Zeit.
Der Winter beginnt,
der Frühling ist weit.

Doch in drei Wochen,
da wird es geschehn:
Wir feiern ein Fest
wie der Frühling so schön.

Baum, einen Zweig
gib du mir von dir.
Ist er auch kahl,
ich nehm ihn mit mir.

Und er wird blühen
in seliger Pracht
mitten im Winter
in der Heiligen Nacht.

Josef Guggenmos

Fünfsternlämpchen (Pentagondodekaeder)

Material:
- Aquarellpapier (bunt bemalt mit Aquarellfarben)
- Karton für Schablone
- Bleistift, Lineal, Schere, Küchenmesser
- Speiseöl, Duftöl, Pinsel
- Klebstoff

Anleitung:
Entsprechend unserer Vorlage eines Fünfecks fertigen wir aus Karton eine Schablone an. Die Seitenlänge kann zwischen 5 und 9 cm betragen. Die Schablone legen wir auf das Aquarellpapier, umfahren sie mit einem spitzen Bleistift und schneiden zehn Fünfecke aus. Nun kenn-

Grundform

zeichnen wir jeweils die Mitte der Seitenlänge, verbinden je zwei Punkte mit einem Lineal und ritzen vorsichtig mit einem Küchenmesser entlang. Die so entstandenen Ecken werden umgebogen, sodass ein kleineres Fünfeck entsteht. Bei dieser Arbeit ist Sorgfalt gefragt.

Für das Zusammenkleben müssen sich die Ecken des jeweils daneben liegenden Fünfecks überschneiden. Am besten klebt man erst die obere Hälfte des Lämpchens, dann die untere Hälfte und zum Schluss beide zusammen. Die Ecken des oberen und des unteren Randes werden jeweils nach innen geklebt.

Nachdem der Klebstoff gut getrocknet ist, bestreichen wir das Papier sparsam mit Öl (Mischung aus Speiseöl und ein bis zwei Tropfen Duftöl) und verreiben es mit einem alten Lappen. Dadurch wird das Papier transparent.

Für dieses Lämpchen sollte man wegen der Brandgefahr ein Teelicht mit Glaseinfassung wählen. Grundsätzlich sollte ein solches Licht nicht unbeaufsichtigt brennen.

Zwei aneinander geklebte Grundformen

Orangengelee

Zutaten:
- 1 l frisch gepresster Orangensaft
- 1 Zitrone, Saft und Schale
- 500 g heller Zucker (Syramena)
- 1 TL Agar-Agar

Zubereitung:
Orangensaft und Zucker in einen emaillierten Topf geben, umrühren und ein bis zwei Minuten kochen lassen. Den Saft und die geriebene Schale einer unbehandelten Zitrone hinzufügen. Einen Teelöffel Agar-Agar in kaltem Wasser auflösen, in den Topf geben und unter Rühren einmal aufkochen lassen. Nun die heiße Flüssigkeit in saubere, heiß ausgespülte Gläser füllen, fest zudrehen und umgestülpt erkalten lassen. Das geöffnete Glas muss im Kühlschrank aufbewahrt werden.

Der blühende Kirschzweig

Meine Großmutter lebte auf dem Land in einem kleinen Häuschen, das umgeben war von einem herrlichen Garten. Im Sommer standen rote Geranien vor den Fenstern, der Kater räkelte sich in der Sonne, und im Garten blühten viele Blumen in unterschiedlichen Farben. Großmutter liebte ihren Garten und sagte oft mit einem gewissen Stolz, dass sie das ganze Jahr etwas Blühendes von ihm bekomme, wie von einem guten Freund. So ganz glaubten wir ihr dies aber nicht.

Einmal, als ich sie besuchte, es war Anfang Dezember, ging sie in den Garten, um von ihrem Kirschbaum ein paar Zweige abzuschneiden. Sie legte sie über Nacht in lauwarmes Wasser und stellte sie dann in eine Vase, damit sie zu Weihnachten blühten. Großmutter erzählte mir damals folgende Geschichte:

«Vor langer Zeit lebte ein reicher griechischer Kaufmann. Er war aus fürstlichem Geschlecht und hieß Dioskuros. Dioskuros hatte eine liebreizende Tochter mit Namen Barbara. Die Familie glaubte nicht an Jesus Christus und an Gott. Sie waren Heiden.

Nun trug es sich zu, dass Dioskuros eine weite Reise antreten musste. Er wollte neue Waren einkaufen und würde dafür lange unterwegs sein. Um sein geliebtes Kind machte er sich aber große Sorgen. Was konnte er nur tun, damit ihre Reinheit beschützt und ihr auch sonst kein Unglück geschehen konnte? Eines Nachts kam ihm die Idee, Barbara zusammen mit ihrer Dienerin in einem verschlossenen Turm zu verstecken.

So geschah es dann auch. Barbara verbrachte einige Wochen abgeschirmt von der übrigen Welt in einem Turm. In dieser Zeit berichtete ihre Dienerin ihr von Gottvater und Christus, seinem Sohn. Sie erzählte von der Geburt im Stall, von den drei Königen, der Flucht nach Ägypten, den Jüngern, die sich um Jesus scharten, und den Wundern, die er vollbrachte, dann vom letzten Abendmahl und von der Auferstehung.

Als Dioskuros wieder nach Hause kam, merkte er sehr bald, dass seine Tochter verändert war. Er traf nicht das Mädchen an, das er vor seiner Reise zurückgelassen hatte. Barbara war sehr beeindruckt von dem, was die Dienerin ihr im Turm erzählt hatte, und glaubte seitdem an Christus und seinen Vater im Himmel. Darüber geriet Dioskuros in einen unerbittlichen Zorn. Mit all seinen Möglichkeiten versuchte er, sie umzustimmen, bis er ihr sogar mit dem Tod drohte. Das Mädchen jedoch zeigte sich sehr mutig, blieb standhaft und hielt dem Vater entgegen: ‹Den Fluch deiner Götter fürchte ich nicht, denn mich hat Christus gesegnet.› Der Hass des Dioskuros wuchs von Tag zu Tag und nahm in seinem Herzen den Platz der Liebe ein. Es ist fast unvorstellbar, aber er befahl, Barbara ins Gefängnis werfen zu lassen.

Noch lange erzählte man sich, dass das Mädchen auf dem Wege dorthin an einem Kirschbaum vorbeikam. Sie brach den Zweig, den sie streifte, und stellte ihn in einen Krug mit frischem Wasser in ihre Zelle. Am Tag, als ihr Todesurteil verkündet wurde, so sagt man, sei der Kirschzweig erblüht.»

Diese Legende von der heiligen Barbara, die mir meine Großmutter erzählte, hat sich über weite Teile unserer Erde verbreitet. Deshalb ist es ein schöner Brauch geworden, am 4. Dezember, dem Gedenktag der heiligen Barbara, Kirschzweige in eine Vase zu stellen. Sie geben Kraft und Mut und erinnern an das Licht im Winterdunkel.

Meine Großmutter wechselte alle drei Tage das Wasser der Zweige. In der Wärme des Zimmers wurden die Knospen immer dicker, brachen auf und brachten zu Weihnachten die Blüten hervor. Großmutter hatte also Recht, als sie sagte, ihr Garten schenke ihr das ganze Jahr über etwas Blühendes.

Ich nah mich Herr zu dir

Melodie: Alois Künstler Text: Angelus Silesius

Ich nah' mich, Herr, zu dir als meinem Sonnenschein, der mich erleucht, erwärmt und macht lebendig sein: Nahst du dich wiederum zu mir als deiner Erden, so wird mein Herze bald zum schönsten Frühling werden.

Instr.

5. Dezember

Knecht Ruprecht

Von drauß' vom Walde komm' ich her;
Ich muss euch sagen, es weihnachtet sehr!
Allüberall auf den Tannenspitzen
Sah ich goldene Lichtlein sitzen;
Und droben aus dem Himmelstor
Sah mit großen Augen das Christkind hervor.
Und wie ich so strolcht' durch den finstern Tann,
Da rief's mich mit heller Stimme an:
«Knecht Ruprecht», rief es, «alter Gesell,
Hebe die Beine und spute dich schnell!
Die Kerzen fangen zu brennen an,
Das Himmelstor ist aufgetan,
Alt' und Junge sollen nun
Von der Jagd des Lebens einmal ruhn;
Und morgen flieg' ich hinab zur Erden,
Denn es soll wieder Weihnachten werden!»
Ich sprach: «O lieber Herre Christ,
Meine Reise fast zu Ende ist;
Ich soll nur noch in diese Stadt,
Wo's eitel gute Kinder hat.»
– «Hast denn das Säcklein auch bei dir?»
Ich sprach: «Das Säcklein, das ist hier;
Denn Äpfel, Nuss und Mandelkern
Essen fromme Kinder gern.»
– «Hast denn die Rute auch bei dir?»
Ich sprach: «Die Rute, die ist hier;
Doch für die Kinder nur, die schlechten,
Die trifft sie auf den Teil, den rechten.»
Christkindlein sprach: «So ist es recht;
So geh mit Gott, mein treuer Knecht!»
Von drauß' vom Walde komm' ich her;
Ich muss euch sagen, es weihnachtet sehr!
Nun sprecht, wie ich's hierinnen find!
Sind's gute Kind', sind's böse Kind?

Theodor Storm

Elisenlebkuchen

Zutaten:
- 200 g Zucker
- 5 Eier
- 50 g Zitronat
- 50 g Orangeat
- 300 g gemahlene Mandeln
- 150 g Mehl 1050
- 2 TL Lebkuchengewürz
- 40 Oblaten, 7 cm Durchmesser

Verzierte Kerzen

Material:
- Stumpenkerzen
- Wachsfolien (Stockmar) oder Knetwachs, in unterschiedlichen Farben

Anleitung:
Sowohl die Stumpenkerze als auch das Wachs sollten vor dem Bearbeiten warm sein, das heißt, sie müssen eine Weile in der Nähe einer Heizung gestanden haben. Bevor man beginnt, überlegt man sich ein Motiv, zum Beispiel «Maria, Josef und das Christuskind im Stall» oder «die Hirten mit den Schafen auf dem Feld». Die jeweils benötigte Farbe wird in der Hand nochmals erwärmt und weich gemacht. Durch Drücken oder Ausstreichen des Wachses zwischen den Fingern und auf der Kerze können wir die gewünschte Form modellieren. Schere, Stricknadel oder Holzspachtel sind möglicherweise als Hilfsmittel zu gebrauchen. Einzelne Farbtöne lassen sich durch Mischen, d.h. Verkneten von zwei oder mehreren Farben, herstellen.

Zubereitung:
Zucker und Eier schaumig rühren. Fein gehacktes Zitronat und Orangeat, gemahlene Mandeln, Mehl und Lebkuchengewürz nach und nach dazugeben. Oblaten auf zwei Backbleche verteilen. Einen in kaltes Wasser getauchten Esslöffel gefüllt mit Teig jeweils auf eine Oblate geben und glatt bis zum Rand streichen. Sechs bis acht Stunden trocknen lassen und dann im vorgeheizten Ofen bei 180 °C 20 Minuten backen.

Die Lebkuchen können vor dem Trocknen mit abgezogenen Mandelhälften (hierzu Mandeln mit heißem Wasser übergießen und nach fünf Minuten die Haut abziehen) verziert werden. Nach dem Backen kann man die Lebkuchen mit Zucker- oder Schokoladenguss überziehen.

Zuckerguss:
1 EL Zitronensaft, 1 EL Wasser und 50 g Zucker aufkochen und die Lebkuchen damit bestreichen.

Schokoladenguss:
1/2 Würfel Kokosfett und 100 g Zartbitterschokolade bei sehr schwacher Hitze unter ständigem Rühren zum Schmelzen bringen und die Lebkuchen damit überziehen.

Ein Lebkuchen für Elise

Ursprünglich war der Lebkuchen eine Speise für Kranke im Sinne einer Medizin. Nüsse, Mandeln und Honig sind sehr nahrhaft und die enthaltenen Gewürze stoffwechselanregend. Da die Zutaten kostspielig und schwer zu erhalten waren, konnte man sich den Lebkuchen lange Zeit nicht als Naschwerk leisten. Die ersten Lebkuchenbäcker sind seit 1395 aus Nürnberg bekannt. Zu den wichtigsten Zutaten zählten Gewürze und Honig. Nürnberg hatte gute Handelsbeziehungen zu Venedig, von wo die kostbaren Gewürze bezogen werden konnten. Nürnberg war im Norden und Osten umgeben von Reichswald, der auch als Bienengarten bezeichnet wurde. Er sicherte den Honigbedarf für die Lebkuchenbäcker.
1643 wurde eine Lebkuchenzunft gebildet. Zunächst hatte sie weniger als ein Dutzend Mitglieder. Heute sind mehr als 4000 Menschen in der Lebkuchenindustrie beschäftigt.
Aus dem 16. Jahrhundert ist uns folgendes Lebkuchenrezept überliefert, das im germanischen Nationalmuseum in Nürnberg aufbewahrt ist:

1 Pfund Zucker
1/2 Seidlein oder 1/8 erlein Honig
4 Lot Zimet
11/2 Muskatrimpf
2 Loth Caramumlein
1/2 Quentlein Pfeffer
1 Diethäuflein Mehl – ergibt 5 Lot schwer.

Die Krönung aller Lebkuchen ist zweifellos der Elisenlebkuchen. Ihn gibt es seit 1808, und er soll zu Ehren einer besonders schönen Tochter eines Lebkuchenbäckers entstanden sein. Das Besondere am Elisenlebkuchen ist, dass er mit möglichst wenig Mehl und auf Oblaten gebacken wird.

Rätsel

Was ist das?
Fünf Höhlen mit einem Eingang?
(huhcsdnaH)   *Christel Dhom*

Lasst uns froh und munter sein

Melodie und Text aus dem Rheinland

1. Lasst uns froh und munter sein und uns recht von Herzen freun! Lustig, lustig, traleralera! Bald ist Nikolausabend da, bald ist Nikolausabend da!

2. Dann stell' ich den Teller auf,
   Niklaus legt gewiss was drauf.
   Lustig, lustig, traleralera!
   Bald ist Nikolausabend da,
   bald ist Nikolausabend da!

3. Wenn ich schlaf', dann träume ich,
   jetzt bringt Nikolaus was für mich.
   Lustig, lustig, traleralera!
   Bald ist Nikolausabend da!
   bald ist Nikolausabend da!

4. Wenn ich aufgestanden bin,
   lauf ich schnell zum Teller hin.
   Lustig, lustig, traleralera!
   Bald ist Nikolausabend da!
   bald ist Nikolausabend da!

5. Niklaus ist ein guter Mann,
   dem man nicht genug danken kann.
   Lustig, lustig, traleralera!
   Bald ist Nikolausabend da!
   bald ist Nikolausabend da!

Rätsel

Trotz Schnee und Eis
blühen Blüten so weiß,
blühen mitten im Winter.
Sagt, was ist das ihr Kinder?
(gatarabraB mov egiewzhcsriK)

Christel Dhom

6. Dezember

Sankt Nikolaus

Es klopft an unsre Tür, poch, poch,
sag, wen erwarten wir heut noch?

Der heilige Sankt Nikolaus
kommt in unser kleines Haus.

Mit blauem Mantel, groß und prächtig,
die Furcht erfasste uns gar mächtig.

Wir woll'n uns hinter Mutter schnell verstecken,
und hoffen, da wird er uns nicht entdecken.

«Kommt», sprach da der liebe Mann,
«dass ich euch beschenken kann».

Den großen schweren Sack, den hebt Sankt Nikolaus
und schüttet ihn in unserm Zimmer aus.

An alle, Groß und Klein, hat er gedacht,
Lebkuchen, Äpfel, Nüsse mitgebracht.

Uns Kindern war schon bald die Angst vergessen,
nur Freud und Dank empfanden wir stattdessen.

Wir stimmten froh das Liedchen an,
Sankt Nikolaus ist ein guter Mann …

Christel Dhom

Nikolausstiefel

Für den Nikolaustag oder als Geschenkverpackung können wir aus rotem Filz einen Stiefel nähen. Dafür brauchen wir:
2 Filzplatten, 20 x 30 cm
Goldkordel
Nähzeug

Die Form des Nikolausstiefels übertragen wir jeweils auf die beiden Filzplatten und schneiden sie aus. Von der Goldkordel nehmen wir ein Fädchen, teilen es in der Mitte, fädeln es in eine Stopfnadel und sticken damit auf eine Stiefelform Sterne. Als Nächstes schneiden wir

zwei 10 x 1,5 cm große Filzstreifen für die Schlaufe zum Aufhängen des Stiefels. Nun werden sie mit Steppstichen zusammengenäht. Zum Schluss legen wir die beiden Stiefelformen so aufeinander, dass die bestickte Seite oben liegt, platzieren die Schlaufe und nähen ebenfalls mit Steppstichen den Nikolausstiefel zusammen. Dies geht am schnellsten mit einer Nähmaschine, man kann es aber auch von Hand nähen.

Schnittvorlage in 50 % Größe

Knuspernüsse

Zutaten:
- 125 g Margarine
- 50 g Zucker
- 1 Päckchen Bourbon-Vanillezucker
- 125 g Mehl 1050
- 30 g gemahlene Haselnüsse
- 1/2 TL Zimt
- 4 EL Kakao
- Für die Füllung ca. 45 geröstete Haselnüsse

Zubereitung:

Margarine und Zucker werden schaumig gerührt. Nach und nach kommen das gesiebte Mehl, die gemahlenen Haselnüsse, Bourbon-Vanillezucker, Zimt und Kakao dazu. Den fertigen Knetteig lassen wir eine halbe Stunde im Kühlschrank ruhen. Währenddessen kommen die ganzen Haselnüsse auf ein Backblech und werden im Backofen bei 150 °C 10 Minuten geröstet.

Aus dem Knetteig formen wir eine 3 cm dicke Teigrolle und schneiden 1 cm breite Scheiben ab. Auf jede Scheibe legen wir eine abgekühlte, geröstete Haselnuss und umhüllen sie mit dem Teig. Dabei versuchen wir, eine Nussform beizubehalten.

Auf einem mit Backpapier ausgelegten Blech werden sie im vorgeheizten Ofen bei 160 °C 20 Minuten gebacken. Nach dem Backen müssen die Knuspernüsse auf einem Kuchengitter abkühlen.

Nikolausgeschichte

Es war bald Abendbrotzeit, und wir sollten unsere Spielsachen aufräumen. Wir hatten aber gar keine Lust, warfen alles einfach hin und her, machten nur Quatsch und vermutlich auch eine Menge Lärm, der sicherlich bis zur Küche zu hören war. Auf jeden Fall dauerte es nicht lange, und Mama stand mit einem durchaus enttäuschten Gesicht in der Tür unseres Zimmers. «Ja, habt ihr noch nicht einmal angefangen? Schade, ich wollte doch jetzt die Stiefel mit euch putzen!», sagte sie. «Unsere Stiefel putzen? Wieso denn das?», wollte Jonas wissen. «Na ja, morgen ist Nikolaustag, und da wäre es eigentlich gut, wenn die Stiefel geputzt wären.» – «O Mann, den Nikolaustag hab ich ganz vergessen. Komm, Anne, jetzt beeilen wir uns aber.»

Es war erstaunlich, wie schnell die Sachen auf ihrem Platz sein konnten, und ich muss zugeben, es machte sogar ein wenig Spaß. Nach dem Abendbrot war dann noch genügend Zeit, um unsere Stiefel zu putzen. Vor dem Zu-Bett-Gehen bettelte ich: «Bitte, Mama, erzähl uns nochmal die Geschichte vom echten Nikolaus.» – «Ja, geht schon mal ins Bad und macht euch fertig, und dann will ich sie euch erzählen.» Ruckzuck waren wir gewaschen, umgezogen, hatten unsere Zähne geputzt, saßen im Wohnzimmer und lauschten erwartungsvoll unserer Mutter.

«Vor langer Zeit lebte Nikolaus in Myra, einer Stadt in Kleinasien (heute Türkei). Er war Bischof, was man an seinem blauen Bischofsmantel, der Mitra – so heißt die Mütze eines Bischofs –, und dem Hirtenstab erkennen konnte. Die Menschen von Myra liebten Nikolaus, denn er war gutherzig und half gerne Menschen, die in Not geraten waren.

In einem Jahr regnete es viele Monate nicht. Die Sonne brannte sehr heiß, und das Getreide konnte nicht wachsen, sondern vertrocknete. Die Ernte fiel gänzlich aus. Schon bald waren die letzten Vorräte aufgebraucht, und die Menschen hatten nichts mehr zu essen. Es herrschte große Not im ganzen Land. Viele mussten hungern, und keiner wusste mehr Rat.

Eines Tages kam ein großes Schiff aus Ägypten vorbei, das auf dem Weg nach Rom war. Es war mit Weizen für den Kaiser beladen.

Da hatte Nikolaus eine Idee. Er ging zu den Seeleuten hin und bat sie um ein paar Scheffel Weizen (1 Scheffel ist ein altes Hohlmaß und entspricht 55 Liter). ‹Aber mein Herr, das ist völlig ausgeschlossen›, sagten sie. ‹In Ägypten wurde alles genau abgewogen, und wenn wir in Rom weniger ausladen, als wir eingeladen haben, wird der Kaiser uns bestrafen.› – ‹Ich verspreche euch, dass ihr mit Gottes Hilfe wieder genauso viel ausladen werdet, wie ihr eingeladen habt. Es wird keinen Ärger mit den Soldaten des Kaisers geben. Denkt doch an die Menschen hier, die sonst verhungern müssen.› Nach einigem Hin und Her gaben die Seeleute schließlich einige Scheffel Getreide an Nikolaus für die notleidenden Menschen in seinem Land. Nikolaus verteilte den Weizen an die Bedürftigen. Es reichte für alle. Die Leute hatten bis zur nächsten Ernte genügend zu essen.

Die Seeleute aber waren in großer Sorge um ihr Schicksal. Was würde mit ihnen geschehen, wenn das Fehlen des Getreides bemerkt würde? Beim Entladen der Schiffe wurde alles genau abgewogen und überprüft. Zum Schluss kam der Aufseher zu ihnen, um sie dafür zu loben, dass sie die Fracht so gut transportiert hatten und auch nicht ein einziger Scheffel fehlte. Die Seeleute dachten jetzt an Nikolaus, der offensichtlich ein Wunder vollbracht hatte. Sie beteten und dankten ihm.»

Nach einer kurzen Pause sagte ich: «Es gibt aber auch einen Nikolaus mit einem roten Mantel und einer Zipfelmütze.» – «Das ist ein Weihnachtsmann. Weihnachtsmänner beschenken auch die Kinder, haben aber eigentlich mit dem echten Nikolaus aus Myra nicht viel zu tun», sagte Mama. «Der echte Nikolaus hatte übrigens besonders die Kinder lieb. Gerne kam er in der Nacht, weil er unerkannt bleiben wollte, um sie zu beschenken.» – Inzwischen waren Jonas und ich müde geworden. In der Hoffnung, dass der echte Nikolaus auch uns beschenken würde, schliefen wir zufrieden ein.

Lebkuchenessen

In der Regel bringt der Nikolaus jede Menge Lebkuchen. An einem verregneten Nachmittag könnte das Essen zu einem Spiel verwandelt werden. Dafür benötigt man
- Lebkuchen
- Messer und Gabel
- einen Würfel
- Handschuhe, Schal und Mütze

Mehrere Teilnehmer (unterschiedlichen Alters) sitzen um einen Tisch. Der Reihe nach wird gewürfelt. Wer eine Sechs würfelt, darf die Mütze aufsetzen, den Schal umlegen und die Handschuhe anziehen, um dann mit Messer und Gabel ein Stück Lebkuchen zu essen. Das Ganze muss natürlich sehr schnell gehen, denn die anderen würfeln weiter, und bei der nächsten Sechs darf derjenige, der sie gewürfelt hat, sich «anziehen», um zu essen.

Ein Spiel, das sehr viel Spaß macht, selbst in einer Erwachsenenrunde am Abend.

Aus hohem Wolkenschlosse

Melodie: Alois Künstler Text: Marianne Garff

1. Aus hohem Wolkenschlosse auf seinem weißen Rosse hernieder reitet mit Gebraus der heilige Sankt Nikolaus.
2. Im Wald die kleinen Hasen erheben ihre Nasen. Der Hirsch mit seinem Horn springt über Busch und Dorn.
3. Und alle lieben Tiere, die kommen schnell herfüre und neigen sich zur Erd vorm Reiter auf dem Pferd.
4. Wir aber wollen lernen ein Lied von goldnen Sternen, das singen wir ihm vor, klopft er an unser Tor.

Rätsel

Große und auch kleine Leute
backen aus Mandeln und Honig heute
eine himmlische Speise, ein köstliches Gebäck,
der heilige St. Nikolaus trägt es in seinem Gepäck.
(nehcukbeL) *Christel Dhom*

7. Dezember

Holler, boller, Rumpelsack

Holler, boller, Rumpelsack,
Niklas trug sein Huckepack,
Weihnachtsnüsse, gelb und braun,
Runzlich, punzlich anzuschaun.

Knackt die Schale, springt der Kern,
Weihnachtsnüsse ess ich gern.
Komm bald wieder in mein Haus,
guter alter Nikolaus.

Kinderlied aus dem Hunsrück

Moosherz oder Moosstern

Material:
- frisches Moos
- Karton
- Kupfer-, Messing- oder Silberdraht
- getrocknete Orangen- oder Apfelscheiben,
- Zimtstangen
- Schere, Bleistift

Anleitung:
Auf den Karton übertragen wir eine Herz- oder Sternform nach unserer Vorlage und schneiden sie aus. Diese umhüllen wir mit frischem, aber nicht nassem Moos. Das Moos drücken wir fest, sodass wir die Form gut spüren und erkennen können. Nun legen wir getrocknete Orangen- oder Apfelscheiben (Herstellung siehe Seite 53) und / oder Zimtstangen auf das Moos und wickeln sie mit Draht fest.

Moosherzen oder -sterne werden als Dekoration auf einen Tisch gelegt. Man kann aber auch ein rotes Band durchziehen, um sie an eine Tür zu hängen. Ganz nett sieht es aus, drei Herzen in unterschiedlicher Größe untereinander zu hängen.

Schnittvorlagen in 30 % der Originalgröße

Sternkuchen

Zutaten für den Teig:
- 3 Eier
- 150 g Zucker
- 150 g Margarine
- 1 Päckchen Bourbon-Vanillezucker
- 100 ml roter Saft (Johannisbeer-, Kirsch- oder Traubensaft)
- 100 g geriebene Zartbitterschokolade
- 1 Prise Salz
- 200 g Mehl 1050
- 1/2 Päckchen Backpulver
- 1 TL Kakao
- 1 TL Zimt

Zubereitung:
Die Eier mit dem Zucker und der Margarine schaumig rühren. Vanillezucker, Saft, geriebene Schokolade und eine Prise Salz dazugeben. Das Mehl mit dem Backpulver, dem Kakao und dem Zimt vermengen, fein sieben und unterheben. In einer gefetteten Sternform im vorgeheizten Backofen bei 180 °C 45 Minuten backen.
Tipp: Verdoppelt man die Zutaten, reicht der Teig für eine Gugelhupfform. Die Backzeit muss auf 60 Minuten verlängert werden.

Zutaten für den Guss:
- 1 Tafel Schokolade
- 1/2 Würfel Kokosfett
- 1 TL Zimt
- 1 TL Lebkuchengewürz

Zubereitung:
Einen halben Würfel Kokosfett bei sehr schwacher Hitze in einem Topf zum Schmelzen bringen. Schokolade und Gewürze hinzufügen und so lange rühren, bis alles sich aufgelöst hat. Mit einem Küchenpinsel den abgekühlten Kuchen mit Schokolade bestreichen.

Mistelzweige zur Weihnachtszeit

Als Halbschmarotzer wächst die Mistel zwischen Himmel und Erde in der Krone von Laub- oder Nadelbäumen. Sie ist eine immergrüne Pflanze mit lederartigen Blättern und weißen Beeren, die durch Vögel verbreitet wird. Die vielen unterschiedlichen Mistelarten sind auf dem ganzen Erdball zu finden. Ihre ungewöhnliche Lebensform machte die Mistel zu einer magischen Pflanze.

Die Mythologie der Mistel hat eine lange Geschichte. So soll der feurige Dornbusch, aus dem Gott zu Moses sprach, zur Familie der Misteln gehört haben. Viele Völker verehrten die Mistel wegen ihrer Zauberkräfte. Misteln sollen gegen Gift helfen, Schlösser aufbrechen, gegen Feuer und Krankheit schützen. Die alten Germanen schmückten die Türen damit – im Glauben, auf diese Weise böse Geister vertreiben zu können. Für viele Menschen im Altertum wurde die Mistel zum Zeichen für Glück,

Gesundheit, Fruchtbarkeit und Erntesegen. Sie galt als Zeichen des Lebens und Überlebens. Man pries ihre Wirkung gegen Epilepsie und Schwindelanfälle. Auch Sebastian Kneipp war von ihren Heilkräften überzeugt und setzte Mistelextrakte gegen Fallsucht ein. Tatsächlich werden heute Mistelpräparate erfolgreich in der Krebstherapie und als blutdrucksenkende Mittel angewendet.

In Skandinavien hat die Mistel als Weihnachtsschmuck eine lange Tradition. Das Küssen unter dem Mistelzweig gehört in England zum beliebten Brauchtum. Für jede gepflückte Beere gibt es einen Kuss. Auch bei uns gehören seit vielen Jahren die Misteln zum weihnachtlichen Schmuck.

Wiegela, wiegela, Weihenacht

Melodie: Alois Künstler Text: Herbert Hahn

8. Dezember

Nimm dir Zeit

Nimm dir Zeit, um nachzudenken,
es ist die Quelle der Kraft.
Nimm dir Zeit, um zu spielen,
es ist das Geheimnis der Jugend.
Nimm dir Zeit, um zu lesen,
es ist die Grundlage des Wissens.
Nimm dir Zeit, um freundlich zu sein,
es ist das Tor zum Glücklichsein.
Nimm dir Zeit, um zu träumen,
es ist der Weg zu den Sternen.
Nimm dir Zeit, um zu lieben,
es ist die wahre Lebensfreude.
Nimm dir Zeit, um froh zu sein,
es ist die Musik der Seele.

Irische Weisheit

Engel

Material:
- weiße Schafwolle im Band (Neuseeländer)
- Goldkordel
- Nähzeug

Anleitung:
Ein etwa 35 bis 40 cm langes Stück weiße Schafwolle im Band in ganzer Breite in der Mitte abbinden, den Restfaden für später zum Aufhängen dranlassen. Unterhalb der abgebundenen Stelle legen wir eventuell noch eine kleine Wollkugel und binden den Kopf ab. Ein ca. 15 cm langes Stück weiße Schafschurwolle teilen wir in der Mitte. Die eine Hälfte nehmen wir für die Flügel und legen sie zwischen die beiden Wollstücke unterhalb des Kopfes. Darauf kommen die Arme. Diese gestalten wir aus einem ca. 10 cm langen, nicht zu dickem Wollteil, indem wir die Enden umbiegen und abbinden. (Ist unser Wollstück länger geraten, müssen wir mehr einschlagen zum Abbinden der Händchen, damit die Armlänge zu den Proportionen des ganzen Engels passt.)
Nun binden wir unterhalb von Flügeln und Armen wieder ab. Das Kleid und die Flügel zupfen wir in Form, eventuell müssen wir sie auch kürzen. Die Flügel werden mit der Schere ein wenig zurechtgeschnitten. Danach müssen wir die Kante zwischen den angefeuchteten Fingerspitzen reiben. Zum Schluss binden wir mit Goldkordel ein Kreuz über der Brust des Engels (siehe Foto).

Haselnuss-Zimt-Taler

Zutaten:
- 125 g Butter
- 125 g brauner Zucker
- 2 Eier
- 1 TL Zimt
- 125 g geriebene Haselnüsse
- 250 g Weizenmehl 1050

Zubereitung:
Alle Zutaten miteinander vermengen und erst mit einem Rührgerät, dann mit der Hand zu einem Knetteig verarbeiten. Den Teig in Alufolie wickeln und eine Stunde im Kühlschrank ruhen lassen. Danach zwei Rollen von ca. 4 cm Durchmesser herstellen und 1/2 cm dicke Taler schneiden. Ist der Teig nicht kalt genug,

verformen sich durch das Schneiden die Taler. Sie müssen dann per Hand wieder in Form gebracht werden. Die Taler werden auf ein mit Backpapier ausgelegtes Blech bei 180 °C 10 Minuten gebacken. Der Teig sollte sich leicht braun färben.

Von der Weihnachtsmaus

Endlich, endlich war es so weit. Wir durften mit Mama Plätzchen für Weihnachten backen. Aus Mehl, Eiern, Zucker und noch ein paar anderen Zutaten kneteten wir einen Teig. Der musste dann leider noch eine ganze Stunde im Kühlschrank sein. Erst danach bekamen Felix, Sophie und ich ein Stückchen Teig zum Ausrollen. Es war toll, die verschiedenen Förmchen da hineinzudrücken.

Zwischendrein naschten wir natürlich auch immer ein bisschen Teig. Felix war die größte Naschkatze. Er aß gerne und vor allem gerne Süßes. Unglaublich, wie viel Kuchen, Eis, Sahne oder andere Schleckereien er auf einmal essen konnte! Sobald in der Küche das Geschirr schepperte, war Felix zur Stelle. «Gibt es etwas zu essen?», war seine häufigste Frage.

«So, Kinder, das ist jetzt unser letztes Stückchen Teig», sagte Mama. «Aber morgen und übermorgen und überübermorgen backen wir wieder», bettelten wir drei im Chor.

Nachdem die letzten Plätzchen für heute aus dem Ofen kamen, wurden sie zum Abkühlen auf ein Kuchengitter gesetzt. Danach durfte jeder, auch Papa, der ja gar nicht mitgeholfen hatte, eines probieren. Alle anderen packten wir in eine Gebäckdose. Sie wurden für das Weihnachtsfest in der Vorratskammer aufbewahrt. Im Laufe der Adventszeit füllten sich noch so einige Dosen. Manchmal malten wir uns abends im Bett vor dem Einschlafen aus, wie es wohl wäre, in der Vorratskammer eingesperrt zu sein. «Das müsste herrlich sein!», schwärmte Felix. Auf jeden Fall freuten wir uns schon sehr auf den Weihnachtsmorgen. Meist schliefen die Eltern länger als wir, und die Plätzchen, die vom Weihnachtsabend übrig blieben, waren dann unser Frühstück.

Die Zeit verging, und das Fest stand vor der Tür. Unser Haus war wunderschön geschmückt, und es duftete überall nach Tannengrün. An der Tür zum Wohnzimmer hatte ich durch einen Spalt gespickelt. Da sah ich, dass bereits ein großer Teller mit vielen Plätzchen auf dem Tisch stand. Aber erst am Abend, wenn wir alle im Wohnzimmer versammelt waren, durften wir davon naschen.

Als es dann endlich so weit war – wir hatten bereits Lieder gesungen und jeder ein Gedicht aufgesagt –, da stellte Papa fest, dass ausgerechnet seine Lieblingsplätzchen auf dem Teller fehlten. Wie konnte das denn möglich sein? «Ich weiß genau, dass wir sie in die Dose mit dem goldenen Sternchen gefüllt hatten», sagte Sophie. «Ja richtig!», antwortete Mama. «In dieser Dose befinden sich aber nur noch ein paar Krümel.» Fragend schauten wir in die Runde, als plötzlich Felix die Vermutung äußerte: «Das muss die Weihnachtsmaus gewesen sein!» – «Ganz sicher», bestätigte Mama. «Und bekanntlich haben Weihnachtsmäuse nur zwei Beine.» Alle mussten lachen. Nur Felix nicht. Er bekam ein knallrotes Gesicht.

Maria durch ein Dornwald ging

Weise: 16. Jahrhundert

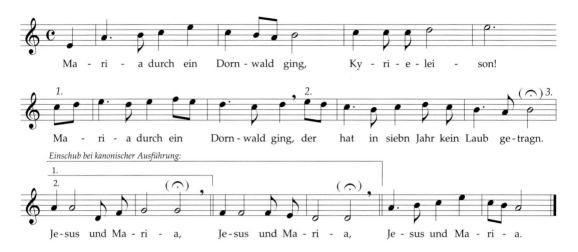

Was trug Maria unter ihrem Herzen?
Ein kleines Kindlein ohne Schmerzen,
Das trug Maria unter ihrem Herzen.

Da haben die Dornen Rosen geschlagen.
Als das Kindlein durch den Wald getragen,
Da haben die Dornen Rosen geschlagen.

9. Dezember

Die Weihnachtszwerge

Trippel, trappel, trippel, trappel,
habt ihr's wohl vernommen?
Trippel, trappel, trippel, trappel,
Weihnachtszwerge sind gekommen.

Sie helfen beim Backen,
sie rühren und knacken
den Teig und die Nüsse.

Sie schlecken und necken,
die Zwerge, die kecken,
und lieben das Süße.

Trippel, trappel, trippel, trappel,
habt ihr's wohl vernommen?
Trippel, trappel, trippel, trappel,
Weihnachtszwerge sind gekommen.

Sie helfen beim Packen
der himmlischen Sachen
und Schreiben der Grüße.

Woll'n Freude erwecken,
dann schnell sich verstecken,
Psst, still! – auf leisen Füßen.

Trippel, trappel, trippel, trappel,
habt ihr's wohl vernommen?
Trippel, trappel, trippel, trappel,
Weihnachtszwerge war'n gekommen.

Christel Dhom

Gefilztes Puppenbett

Material:
- weiße Schafwolle im Vlies
- farbige Schafwolle im Vlies
- Luftballons
- flüssige Seife
- kaltes und heißes Wasser
- Sticknadel
- Wollfaden
- Blumen- oder Wäschesprüher

Anleitung:
Einen Luftballon blasen wir so groß auf, dass wir ihn mit beiden Händen gut umfassen können und verknoten das Ende. Nun umhüllen wir ihn mit der weißen Wolle. Es ist hilfreich, wenn wir dafür ein Stück Wolle im Vlies verwenden. Jetzt feuchten wir die Wolle mit möglichst heißem Wasser (Blumen- oder Wäschesprüher) an. Dann geben wir überall flüssige Seife darüber und drücken und reiben gleichmäßig die Wolle auf dem Luftballon. Hält die Wolle gut um den Luftballon, umhüllen wir die erste Wollschicht mit farbiger Wolle, und zwar so, dass die Wollschichten sich überkreuzen. Jetzt feuchten wir sie an und bestreichen sie mit flüssiger Seife. Immer wieder drücken und reiben wir die Wolle auf dem Ballon zwischen unseren Händen. Sollte sie dabei verrutschen, legen wir ein Stück einer ausgedienten Nylongardine darüber. Hat sich die Wolle zu einem festen Teil rings um den Luftballon verbunden, ist der Filzvorgang abgeschlossen, und die Seife kann im Wasser ausgespült werden. Im Zweifelsfall erneut Seife auftragen und zwischen den Händen reiben. Wichtig ist es, die Seife gut auszuwaschen, da sonst die Wolle mit der Zeit brüchig würde.
Als Nächstes muss die gefilzte Wolle auf dem Luftballon trocknen. Das geht ganz gut auf einer Fensterbank über der Heizung und dauert etwa einen Tag.
Erst im trockenen Zustand schneiden wir einen Keil entsprechend unserer Zeichnung aus

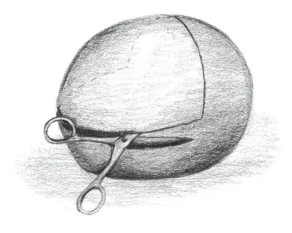

Adventsmuffins (12 Stück)

Zutaten:
- 100 g Butter
- 1 Ei
- 200 g Mehl 1050
- 1 TL Zimt
- 30 g Rosinen
- 4 EL Honig
- 100 ml Milch
- 2 TL Backpulver
- 50 g Haselnüsse
- 2 kleine Äpfel

Zum Bestreuen:
- 1/2 TL Zimt
- 1 EL Zucker

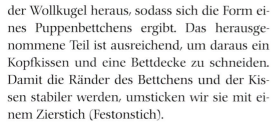

der Wollkugel heraus, sodass sich die Form eines Puppenbettchens ergibt. Das herausgenommene Teil ist ausreichend, um daraus ein Kopfkissen und eine Bettdecke zu schneiden. Damit die Ränder des Bettchens und der Kissen stabiler werden, umsticken wir sie mit einem Zierstich (Festonstich).

In dem kleinen Bettchen soll natürlich auch eine Puppe liegen. Eine so genannte «Knotenpuppe» ist dafür geeignet. Sie wird aus einem aprikot- oder rosafarbenen Seidentuch, 30 cm x 30 cm groß, gefertigt. (Notfalls tut es auch ein einfarbiges Herrentaschentuch aus Stoff). In die Mitte legen wir eine Wollkugel und binden mit Zwirn unterhalb ab. Zwei sich gegenüberliegende Zipfel versehen wir jeweils mit einem Knoten, welche die Händchen bilden. Die anderen beiden Zipfel bleiben für den übrigen Körper.

Zubereitung:
Die Butter mit dem Honig in einem Topf bei niedriger Hitze unter ständigem Rühren zum Schmelzen bringen und dann von der Herdplatte nehmen. Das Ei mit der Milch in einem Schüttelbecher verquirlen.

Das Mehl mit dem Backpulver und dem Zimt vermischen und in eine Schüssel sieben. Klein geschnittene Äpfel, gemahlene Haselnüsse und Rosinen darüber verteilen. Die Butter-Honig-Masse und die Eier-Milch-Soße dazugeben. Mit einem Esslöffel die Zutaten verrühren. Der Teig sollte noch Klümpchen haben. Nun in gebutterte Muffinformen oder in Papierförmchen, die in die Muffinform gesetzt werden, füllen. Zucker und Zimt miteinander vermischen und die Muffins damit bestreuen, anschließend im vorgeheizten Backofen 20 – 25 Minuten bei 180 °C backen.

Es ist einer verschwunden

Die Teilnehmer sitzen im Kreis. Einer geht vor die Tür. Währenddessen wird ein anderer in der Mitte des Kreises unter einer Decke versteckt. Das Kind, das vor der Tür stand, wird wieder hereingerufen, und die Gruppe singt nach der Melodie «Kommt ein Vogel geflogen» folgenden Text:

Es ist einer verschwunden,
einer fehlt hier im Kreis,
und … (Name des Kindes, das vor der Türe stand) darf raten,
wie der / die eine wohl heißt.

Sollte es schwierig sein, das unter der Decke verschwundene Kind zu erraten, werden kleine Hilfestellungen gegeben, zum Beispiel: «Es ist ein Junge mit blonden Haaren» oder «Das Mädchen hat noch eine kleine Schwester».

Still, still, still

Aus Salzburg 1819

Schlaf, schlaf, schlaf, meine liebes Kindlein, schlaf.
Maria will dich niedersingen,
ihre keusche Brust darbringen.
Schlaf, schlaf, schlaf, mein liebes Kindlein, schlaf.

10. Dezember

Wird Christus tausendmal
zu Bethlehem geboren
und nicht in dir:
du bleibst noch ewiglich verloren.

Angelus Silesius

Maria und Josef aus Wolle für die Krippe

Material:
- weiße Wolle im Band
- rote, blaue, violette, braune, gelbe und graue Wolle im Vlies
- Pfeifenputzer
- Nähzeug
- flüssige Seife

Anleitung:
Wir nehmen ein 30 bis 40 cm langes Stück weiße Wolle und binden es in der Mitte ab. Eine kleine Wollkugel legen wir unterhalb der abgebundenen Stelle hin und binden den Kopf ab.

Für die Arme brauchen wir einen Pfeifenputzer, den wir zunächst ganz mit weißer Wolle umwickeln. Wir nehmen uns hauchdünne, ca. 30 cm lange Wollstückchen und beginnen an einem Ende des Pfeifenputzers. Damit die gewickelte Wolle an den Enden des Pfeifenputzers nicht wieder herunterrutscht, biegen wir diese einfach um und bestimmen so die Länge der Arme. Die Wolle halten wir zum Wickeln flächig und achten darauf, dass sie sich nicht zum Fädchen dreht. Sie würde sonst in Ringen um den Pfeifenputzer liegen, und das sähe nicht schön aus. Deshalb wickeln wir in mehreren Schichten flächig um den Pfeifenputzer bis er die Stärke hat, die wir für die Arme brauchen, wobei wir die unterschiedliche Dicke von Ober- und Unterarm berücksichtigen. Zum Schluss wickeln wir noch in der Farbe, die wir als Kleid oder Hemd möchten, wobei vorn die Hand weiß bleibt. Die Figur der Maria bekommt zuletzt eine rote Schicht, denn sie trägt ein rotes Kleid, und Josef eine violette Schicht. Die fertigen Arme legen wir zwischen die beiden Wollstücke unterhalb des Kopfes und binden unterhalb der Arme die Taille ab.

Für den Körper benötigen wir die restliche Wolle unterhalb der Arme. Zunächst müssen wir die Höhe der fertigen Figur festlegen. Die Körperhöhe entspricht ungefähr viermal der Kopfhöhe. Die darüber hinausreichende Wolle schlagen wir nach innen ein. Nun wickeln wir in dünnen Schichten flächig, parallel zu den ausgestreckten Armen bis zu den unsichtbaren Füßen. Wir wickeln so lange, bis die Figur den gewünschten Körperumfang hat, wobei die letzte Schicht in der Farbe des Kleides gewickelt wird, genau wie bei den Armen.

Da Maria eine junge Frau ist, hat sie helle Haare. Wir legen ein Stückchen gelbe Wolle so über den Kopf, dass das Gesicht frei bleibt, und nähen mit Steppstichen einen Scheitel. Die Haare werden zu einem Zopf zusammengefasst und mit kleinen, unsichtbaren Stichen am ganzen Kopf befestigt. Für ihren Mantel, der lang, weit und mit Kapuze ausgestattet sein soll, zupfen wir uns aus blauer Wolle ein ovales Teil, etwa 25 x 18 cm groß. Wir legen es so auf den Kopf der Figur, dass vorn noch ein paar

Haare herausschauen, und befestigen es im Nacken und seitlich am Hals.

Josef ist ein älterer Mann, weshalb sein Haar und sein Bart schon ergraut sind. Wir legen graue Wolle in kleine Schlaufen und nähen sie an der Bruchstelle am Kopf und für den Bart an den entsprechenden Stellen im Gesicht fest. Sein Kleid kann in der Taille durch einen Gürtel gehalten werden. Für den Mantel nehmen wir ein Stückchen braune Wolle, das zweimal der Höhe des Körpers ohne Kopf entspricht. Die Hälfte der Wolle spalten wir in der Mitte auf, sodass wir einen Mantel oder Umhang über die Schultern und Arme der Figur legen können. Die Enden und Zipfelchen legen wir als Mantelsaum nach innen und reiben die Kanten zwischen den angefeuchteten Fingerspitzen.

Braune Wolle benötigen wir auch für den Hut. Diese zupfen wir zu einer ca. 10 x 10 cm großen Platte und tauchen sie in möglichst heißes Wasser. Dann seifen wir das Wollstück gut ein und reiben es zwischen den Fingerspitzen. Dabei machen wir in der Mitte eine kleine Ausbuchtung. Vorsicht! Es darf dabei kein Loch entstehen. Den Vorgang wiederholen wir so oft, bis die Wolle schön zusammenhält, bis sie gefilzt ist. Nach dem Trocknen schneiden wir unsere Filzplatte rund, sodass die Ausstülpung möglichst in der Mitte ist. Unseren fertigen Filzhut nähen wir mit wenigen Stichen an Josefs Kopf fest. Ein kleines Ästchen geben wir Josef als Wanderstab in die Hand.

Vom Ursprung der Weihnachtskrippe

In vielen christlichen Familien ist es Brauch, in der Weihnachtszeit eine Krippe aufzustellen. Diese Idee geht auf Franz von Assisi zurück, den Begründer des Franziskanerordens. Er war ein großer Freund der Tiere, weshalb er sie auch seine Brüder und Schwestern nannte. Vermutlich im Jahre 1223 baute er einen Stall mit einem Ochsen und einem Esel. In diesem Stall befanden sich auch ein Mann mit seiner Frau und einem kleinen Kind, das in einer Krippe lag. Nach der Messe um Mitternacht führte er die Menschen dorthin. Er wollte, dass sie begriffen, was an Weihnachten geschehen war.

Mittlerweile ist das Aufstellen einer Krippe in vielen Ländern der Erde üblich. Es haben sich zu den ursprünglichen Figuren von Maria, Josef, Jesuskind, Ochs und Esel noch andere dazugesellt. Bei uns sind das die Hirten, die Schafe und die drei Könige. In anderen Ländern werden die dort vorkommenden Tiere, z.B. Lamas in Bolivien, dazugestellt. Sowohl das Darstellen der Landschaften als auch die Hautfarbe der Figuren entsprechen dem jeweiligen Land.

Butterplätzchen

Zutaten:
- 250 g Mehl 1050
- 150 g kalte Butter
- 100 g Zucker
- 1 Päckchen Bourbon-Vanillezucker
- 3 Eigelb

Zubereitung:
Alle Zutaten miteinander vermengen und einen Knetteig herstellen. Diesen in Alufolie verpackt eine halbe Stunde in den Kühlschrank legen. Auf einer bemehlten Unterlage den Teig ausrollen. Ausstechförmchen erst in Mehl tauchen und dann den Teig ausstechen. Mit Hilfe eines Messers Teigformen von der Unterlage lösen und auf ein mit Backpapier ausgelegtes Blech setzen. Vor dem Backen können die Plätzchen mit einem verquirlten Eigelb bestrichen werden. Bei 180 °C 10 Minuten backen.
Tipp: Einen Teil des Teiges mit runden Förmchen ausstechen und zu Walnusspralinen (siehe Seite 53) weiterverarbeiten.

Ich steh an deiner Krippen hier

4. Ich sehe dich mit Freuden an
und kann mich nicht satt sehen;
und weil ich nun nicht weiter kann,
bleib ich anbetend stehen.
O dass mein Sinn ein Abgrund wär
und meine Seel ein weites Meer,
dass ich dich möchte fassen.

5. Eins aber, hoff ich, wirst du mir,
mein Heiland, nicht versagen:
dass ich dich möge für und für
in, bei und an mir tragen.
So lass mich doch dein Kripplein sein;
komm, komm und lege bei mir ein
dich und all deine Freuden.

11. Dezember

Das Büblein auf dem Eise

Gefroren hat es heuer
noch gar kein festes Eis.
Das Büblein steht am Weiher
und spricht zu sich ganz leis:
«Ich will es einmal wagen,
das Eis muss doch nun tragen!» –
Wer weiß?

Das Büblein stampft und hacket
mit seinem Stiefelein.
Das Eis auf einmal knacket,
und krach! schon bricht's hinein.
Das Büblein planscht und krabbelt
als wie ein Krebs und zappelt
mit Schrei'n:

«O helft, ich muss versinken
in lauter Eis und Schnee!
O helft, ich muss ertrinken
im tiefen, tiefen See!»
Wär nicht ein Mann gekommen,
der sich ein Herz genommen –
o weh!

Der packt es bei dem Schopfe
und zieht es dann heraus.
Vom Fuße bis zum Kopfe
wie eine Wassermaus,
das Büblein hat getropfet;
der Vater hat's geklopfet
zu Haus.

Friedrich Güll

Werden die getrockneten Früchte kühl und trocken in einer Plastiktüte aufbewahrt, kann man sie einige Jahre zur Dekoration benutzen.

Walnusspralinen

Zutaten:
- 125 g Mehl 1050
- 75 g kalte Butter
- 2 Eigelb
- 50 g Zucker
- 250 g Honigmarzipan

- 1/2 Würfel Kokosfett
- 1 Tafel Zartbitterschokolade
- Walnusshälften

Getrocknete Orangenscheiben, Apfelscheiben und Zitronen

Material:
- Orangen, Äpfel, Zitronen
- Küchenmesser
- Rost eines Dörrex oder engmaschiges Kuchengitter
- evtl. Klar- oder Haarlack

Anleitung:
Orangen, Äpfel oder Zitronen werden mit einem Küchenmesser in 0,5 – 1 cm dicke Scheiben geschnitten. Auf einem Rost verteilt, stellen wir sie direkt auf einen Kachelofen oder auf die Heizung. Es dauert ein bis zwei Wochen, bis die Scheiben ganz durchgetrocknet sind. Um sie vor Feuchtigkeit zu schützen, können sie mit Klar- oder Haarlack eingesprüht werden. Dies ist jedoch nicht unbedingt erforderlich.
Zitronen lassen sich auch als Ganzes trocknen. Dafür schneiden wir um die Frucht herum mehrere Kerben in Längsrichtung. Zum Trocknen brauchen sie jedoch wesentlich länger als die Scheiben.

Zubereitung:
Mehl, Butter, Zucker und Eigelb miteinander vermengen und einen Knetteig herstellen. Diesen in Alufolie verpackt eine halbe Stunde in den Kühlschrank legen. Auf einer bemehlten Unterlage dünn ausrollen. Runde Ausstechförmchen, ca. 3 cm Durchmesser, erst in Mehl und dann in den Teig drücken. Mit Hilfe eines Messers die Teigformen von der Unterlage lösen und auf ein mit Backpapier ausgelegtes Blech setzen. Bei 180 °C 10 Minuten backen.

Nach dem Abkühlen aus Honigmarzipan kleine Kugeln formen – das geht am besten mit feuchten Händen – und auf den Teig drücken. Sollte von der Marzipanmasse etwas übrig bleiben, kann sie zu Marzipankartoffeln (siehe Seite 79) weiterverarbeitet werden.

Für den Guss einen halben Würfel Kokosfett bei schwacher Hitze zum Schmelzen bringen. Die Schokolade hinzufügen und so lange rühren, bis sie sich aufgelöst hat. Mit einem Pinsel die Plätzchen bestreichen und jeweils mit einer Walnusshälfte besetzen.

Essen raten

Mit Gestik und Mimik, aber ohne Sprache, versucht einer der Spieler darzustellen, was und wie er gerade isst, z.B. Eis (schlecken), Spagetti (mit Löffel und Gabel), Frühstücksei (öffnen und essen), Möhren (knabbern), einen Hamburger (mit weit geöffnetem Mund hineinbeißen), Hähnchenbein (mit der Hand essen), einen Apfel (hineinbeißen), einen Jogurt (löffeln), mit Stäbchen essen usw. Alle anderen müssen raten, was gegessen wird. Wer es richtig erraten hat, kommt nun an die Reihe. Dieses Spiel kann praktisch überall zum Überbrücken einer kleinen Wartezeit gespielt werden, aber auch im Kreis mit einer Gruppe.

Leise rieselt der Schnee

Nach einer alten Volksweise — Worte von Eduard Ebel

1. Lei - se rie - selt der Schnee, still und starr liegt der See, Weih - nacht - lich glän - zet der Wald, freu - e dich, Christ - kind kommt bald!

In den Herzen ist's warm,
still schweigt Kummer und Harm,
Sorge des Lebens verhallt,
freue dich, Christkind kommt bald!

Bald ist heilige Nacht,
Chor der Engel erwacht,
hört nur, wie lieblich es schallt:
Freue dich, Christkind kommt bald!

12. Dezember

Aus dem Schnee gar wundersam
blüht schon deine Blume.
Wo die Wurzel Nahrung nahm
in gefrorner Krume.

Deine zarte Knospe bricht
aus des Winters Hülle,
deiner Blüte reines Licht
atmet in die Stille.

Herz, nun hat es keine Not,
dass uns Rettung werde –
Leben blüht aus dunklem Tod,
aus der Nacht der Erde …

Georg Unterbuchner

Kiefernzapfen als Fensterschmuck

Material:
- zwei große Strandkiefern- oder Pinienzapfen
- Blumendraht
- rote Schleife, 1,5 cm breit, ca. 1 m lang
- rote Schleife, 3 cm breit, ca. 2 m lang
- Schere
- evtl. Thuja-, Buchs- oder Kiefernzweige

Anleitung:
Ein ca. 30 bis 40 cm langes Stück Blumendraht wird so in das Ende des Zapfens gewickelt, dass sich aus dem mittleren Teil eine Schlaufe drehen lässt (siehe Zeichnung). Jeweils ein Ende des schmalen roten Bandes ziehen wir durch eine Drahtschlaufe und verknoten es. Um jede Drahtschlaufe binden wir mit dem breiten, roten Band eine Schlaufe und schneiden die Zipfel schräg ab.
Variante: Kleine Thuja-, Buchs- oder Kiefernzweige können durch die Drahtschlaufe vor dem Schleifenbinden gesteckt werden.

Birnen im Winterschlaf

Zutaten für den Teig:
- 3 Eier
- 3 EL heißes Wasser
- 150 g Zucker
- 150 g Mehl 1050
- 1 TL Backpulver
- 2 TL Kakao

Zutaten für den Belag:
- 1 Dose eingekochte Birnen
- 500 ml Schlagsahne
- 50 – 100 g Schokoraspeln

Zubereitung:
Die Eier mit dem Wasser und dem Zucker zu einer Schaummasse rühren. Nach und nach das mit dem Mehl vermischte Backpulver und den Kakao unterheben. Dann in eine gefettete Springform geben und im vorgeheizten Backofen 20 bis 25 Minuten bei 170 °C backen.

Nach dem Erkalten den Teig mit den abgetropften Birnenhälften sternförmig belegen, sodass das dicke Teil der Birne in der Mitte und das dünne Teil am Kuchenrand liegt. Die Sahne sehr steif schlagen (evtl. Biobin, Agar-Agar oder Sahnesteif hinzufügen). Nun die Sahne als Schnee über die Birnen streichen. Zum Schluss den Rand mit Schokoraspeln bestreuen. Vor dem Servieren kühl aufbewahren.

Die Christrose

Es war bitterkalt. Der eisige Wind wehte durch jedes Knopfloch. Die Erde war hart gefroren und teilweise mit verharschtem Schnee bedeckt. Bei solchem Wetter wagte man am besten keinen Schritt vor die Tür, sondern blieb hinter dem warmen Ofen.

Samuel, ein Hirtenjunge, hatte von der Geburt eines Kindes in einem Stall ganz in der Nähe gehört. Immer wieder musste er daran denken: in einem Stall, mitten im Winter, bei dieser Kälte. Er selbst war im Sommer geboren, als die Rosen blühten. Jetzt aber war alles grau und trist. Als Samuel geboren worden war, waren die Freunde und Nachbarn gekommen und hatten Geschenke und Blumen gebracht. Sie freuten sich mit den Eltern über die Geburt des kleinen Kindes. «Ob das Kind im Stall auch Besuch bekommen würde?», fragte sich der Hirtenjunge. Die Leute waren fremd hier in der Gegend und kannten niemanden, hatte er gehört.

Samuel wollte gerne zum Stall und zu dem Kind. «Ich möchte wissen, ob es ihm gut geht», dachte er bei sich. Also machte er sich auf den Weg. Den warmen Fellmantel hielt er mit der Hand fest zusammen. Sein Gesicht war der Erde zugewandt. Da entdeckte er auf einmal unter einem Baum etwas Helles, das aussah wie eine Blüte. «Mitten im Winter!», dachte er. «Das kann doch nicht sein!» Er lief hin, um es sich genauer zu betrachten. Tatsächlich, auf einem kräftigen Stiel war eine weiße Blüte mit fünf Blütenblättern zu sehen! Wie ein Fünfstern sah sie aus. Samuel pflückte die kleine Blume, nahm sie mit und eilte weiter. Dann kam er endlich im Stall an und stand vor dem Kind, das in einer Krippe lag. Samuel hielt seine Blume in der Hand. Gerade als er sie dem Kind in die Krippe legte, bildete sich in ihrer Mitte eine gelb strahlende, leuchtende kleine Sonne. Seither wird diese Blume, die jedes Jahr um die Weihnachtszeit blüht, Christrose genannt.

Es ist ein Ros entsprungen

Weise: Köln 1599 — Satz: M. Praetorius, 1607

13. Dezember

Vom Himmel in die tiefsten Klüfte
ein milder Stern hernierderlacht;
vom Tannenwalde steigen Düfte
und hauchen durch die Winterlüfte,
und kerzenhelle wird die Nacht.

Mir ist das Herz so froh erschrocken,
das ist die liebe Weihnachtszeit!
Ich höre fernher Kirchenglocken
mich lieblich heimatlich verlocken
in märchenstille Herrlichkeit.

Ein frommer Zauber hält mich wieder,
anbetend, staunend muss ich stehn;
es sinkt auf meine Augenlider
ein goldner Kindertraum hernieder.
Ich fühl's, ein Wunder ist geschehn.

Theodor Storm

Sternenlicht

Material:
- Aquarellpapier 26 x 26 cm
- Lineal / Winkelmesser
- Schere
- einfaches Speiseöl und Duftöl
- Pinsel
- Läppchen
- Teelicht, möglichst mit Glasschälchen

Anleitung:
Ein mit Aquarellfarben bemaltes Papier schneiden wir mit Hilfe eines Winkelmessers auf die Maße 26 x 26 cm zu. Mit einem Pinsel bestreichen wir das Papier sparsam mit Öl und verreiben es mit einem alten Lappen. Dadurch laufen die Farben nochmals ineinander, und das Papier wird transparent. Nun muss es ein paar Stunden trocknen, bis es nicht mehr klebt, bevor wir mit dem Falten beginnen können.

Wir falten das Papier zweimal zu einem Kopftuch, klappen es wieder auf und falten dann ein Taschentuch. Dabei ist es wichtig, sehr exakt zu arbeiten und beidseitig, also Vorder- und Rückseite, zu falten. Mit dem Fingernagel streichen wir fest über die Falzstellen.

Falten wir das Rechteck wieder auf, muss zwischen jede sichtbare Linie nochmals eine Faltlinie, sodass ein Stern mit acht bzw. sechzehn Linien entsteht. Die vier Ecken schneiden wir so ab, dass ein gleichmäßiges Achteck entsteht.

Nun jede gerade Außenseite des Achtecks so weit zur Mitte falten, dass sie an die Faltlinie des Sternes reichen (siehe Zeichnung). Als Nächstes kommt eine kniffelige Arbeit, die etwas Geduld erfordert. Wir legen das Papier mit der Farbseite nach unten vor uns hin. Jeweils zwei nebeneinander liegende Spitzen knicken wir nach innen und die dabei entstandene Spitze nach außen. So entstehen Rundung und Form des Sternenlichtes. Das Papier lässt sich nicht mehr flach auf den Tisch legen. Sind alle Ecken nach innen bzw. außen gefaltet, drücken wir den ganzen Korpus etwas auf den flachen Tisch, damit die Standfläche entsteht, in die wir das Teelicht stellen können.

Es empfiehlt sich, ein Teelicht mit Glasumhüllung zu verwenden, um eine mögliche Brandgefahr zu verringern. Grundsätzlich sollte ein solches Licht nicht unbeaufsichtigt brennen.

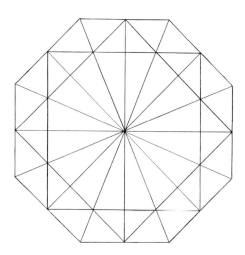

Vorlage in 30 % der Originalgröße

Schoko-Erdnuss-Konfekt

Zutaten:
- 150 g Erdnüsse, leicht gesalzen und geröstet
- 100 g Vollmilchschokolade
- 1/2 Würfel Kokosfett

Zubereitung:
Das Kokosfett bei sehr schwacher Hitze in einem Topf zum Schmelzen bringen. Die Schokolade unter ständigem Rühren hinzufügen. Den Topf von der warmen Platte nehmen. Zwischen zwei Küchenpapieren oder einem Geschirrtuch die gesalzenen Erdnüsse etwas reiben, sodass grobes Salz abfällt, dann die Erdnüsse zu der geschmolzenen Schokolade geben und untermengen. Mit einem Teelöffel kleine längliche Häufchen auf ein mit Backpapier ausgelegtes Blech setzen und kühl stellen. Ist die Schokolade ganz fest geworden, das Konfekt in einer Plastikdose im Kühlschrank aufbewahren.

Lucia. Eine Legende

«Mama, Mama!», rief Johanna schon am Gartentor. «Mama!» – «Aber was ist denn, warum bist du denn so aufgeregt?», fragte die Mutter, die ihr entgegeneilte. «Bei Schneiders ist das Baby angekommen!» – «Ich glaube, das war schon vor ein paar Tagen», sagte die Mutter. «Und jetzt ist es zu Hause, und ich durfte es kurz auf dem Arm halten», erwiderte Johanna. «Das ist aber wirklich schön. Wie sieht es denn aus?» – «Es ist so klein … und seine Händchen sind ganz winzig – und Lucia heißt es.» – «Lucia? Da kenne ich eine Legende von der Heiligen Lucia.» – «Was ist eine Legende, Mama?» – «Das ist die Geschichte von einem Menschen, der vor langer Zeit gelebt hatte und sehr fromm war.» – «Kannst du mir die Legende von Lucia erzählen?» – «Ja, das kann ich.» Die beiden gingen ins Wohnzimmer und setzten sich gemütlich aufs Sofa, und nachdem die Mutter noch eine Kerze angezündet hatte, begann sie zu erzählen:

«In der Stadt Syrakus auf Sizilien, das ist im Süden Italiens, wurde Lucia im 3. Jahrhundert geboren. Schon bald nach ihrer Geburt verstarb ihr Vater. Er hinterließ ein beachtliches Vermögen, sodass es ihr an nichts mangelte und sie in Wohlstand aufwuchs. Lucia war ein sehr hübsches Mädchen, das von jedermann gerne gesehen wurde. Sie sollte einmal den edlen Philippus heiraten. Für eine kostbare Aussteuer war schon längst gesorgt.

Da geschah es, dass Lucias Mutter schwer erkrankte. Weder heilende Kräuter noch die Medizin der Ärzte konnten ihr helfen. Als eines Abends Lucia am Bett der Mutter kniete, beschlossen die beiden, ganz allein zum Grab der heiligen Agatha nach Catania zu pilgern, weil sie dort auf Hilfe hofften. Lucia glaubte ganz fest daran, dass dadurch die Mutter genesen würde. Also reisten sie nach Catania. Nachdem sie die Grabstätte verlassen hatten und es schon dunkel war, stand plötzlich eine helle Gestalt vor Lucia. Es war Agatha, die zu ihr sprach: ‹Lucia, meine liebe Schwester, warum bittest du mich, deine Mutter zu heilen? Siehe, sie ist durch deinen Glauben gesund geworden.› Von nun an war die Mutter von ihrem Leid befreit und wurde wie ihre Tochter eine gläubige Christin.

Lucia hatte jetzt den festen Willen, ihre wertvolle Aussteuer an die Armen zu verschenken und nicht zu heiraten. Sie wollte denen helfen, die Hilfe brauchten, und ihr Leben gottgefällig gestalten.

Philippus, der sich nicht zum Christentum bekannte, war traurig darüber, dass er seine Braut verloren hatte. Er ärgerte sich sogar, weil sie eine Christin geworden war. Das erzählte er dem Statthalter Paschasinus. Dieser ließ Lucia

zu sich kommen und befahl ihr, den alten Göttern wieder ein Opfer zu bringen.
‹Niemals›, sagte Lucia. ‹Fürchte du dich vor deinem Fürsten, ich aber fürchte meinen Herrn und Gott.› – ‹Dann werde ich dich in ein Haus bringen lassen, wo jeder mit dir machen kann, was er will›, drohte Paschasinus dem Mädchen. Doch Lucia konnte dadurch nicht eingeschüchtert werden.
Als der Statthalter seinen Befehl gab, sie in besagtes Haus zu bringen, waren selbst eintausend Männer nicht in der Lage, sie von der Stelle zu bewegen. Sie stand fester als ein Felsblock. Dann sollte sie verbrannt werden, doch auch die Flammen konnten ihr nichts anhaben. Erst als man ihr ein Schwert durch die Kehle stieß, wurde sie verletzt. Noch bevor Lucia starb, sagte sie: ‹So wie meine Schwester Agatha Catania beschützt, will ich eine Fürbitterin von Syrakus werden.›
An der Stelle wo Lucia starb, haben die Menschen auf Sizilien eine Kirche erbaut, um zu ihr zu beten.»

«Wie hat diese Lucia denn ausgesehen?», fragte Johanna ihre Mutter. «Sie soll sehr hübsch gewesen sein, und viele Maler haben sie mit einer Kerze in der Hand dargestellt. Lucia, das heißt nämlich ‹Licht.›» – «Weißt du was», sagte Johanna strahlend, «wir könnten doch der Lucia von Schneiders eine große, dicke Kerze schenken.» – «Das ist eine gute Idee, das machen wir», sagte die Mutter.

O du fröhliche

Text: 1. Strophe: Johannes Daniel Falk 1816
2. und 3. Strophe: Heinrich Holzschuher 1829

Sizilianische Volksweise

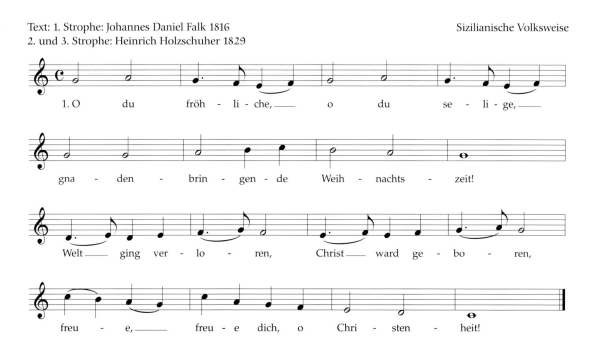

1. O du fröhliche, o du selige, gnadenbringende Weihnachtszeit! Welt ging verloren, Christ ward geboren, freue, freue dich, o Christenheit!

O du fröhliche, o du selige,
gnadenbringende Weihnachtszeit!
Christ ist erschienen, uns zu versühnen;
freue, freue dich, o Christenheit.

O du fröhliche, o du selige,
gnadenbringende Weihnachtszeit!
Himmlische Heere jauchzen dir Ehre.
Freue, freue dich, o Christenheit.

14. Dezember

Welche Tanne ist die Beste,
Welche holen wir zum Feste?
Alle großen, alle kleinen,
Wollen gern bei uns erscheinen!

Tannenbäumchen, lass dir sagen:
Bald schon darfst du Kerzen tragen,
Darfst im Lichte fröhlich funkeln
Wie die Sterne nachts im Dunkeln! –

Das liebe Tannenbäumlein spricht:
Ich war ein winzig kleiner Wicht,
Ich reckte mich, ich streckte mich,
Wuchs bis zum Himmel, Kind, für dich!

Hedwig Diestel

Weihnachtsteller mit Moosstern

Nach der Anleitung «Moosherz bzw. Moosstern» auf Seite 36 stellen wir einen großen Stern her. Die Vorlage kann auf einem Kopierer entsprechend vergrößert werden. Zusammen mit Äpfeln, Nüssen, getrockneten Zitronen (Anleitung siehe Seite 53) und einer Kerze arrangieren wir den Moosstern auf einem Metallteller. Ein solcher Weihnachtsteller sorgt für stimmungsvolle Atmosphäre und kann den Adventskranz ersetzen.

Heiße Orangen

Zutaten:
- 1 kg Orangen
- 200 ml Orangen- oder Apfelsaft
- 2 EL brauner Zucker
- 1 gestrichener Teelöffel gemahlener Zimt
- 1/4 TL Bourbon-Vanille-Pulver

Zubereitung:
Die Orangen sorgfältig schälen und in einzelne Schnitze zerlegen. Diese jeweils mit einem scharfen Küchenmesser durchschneiden. In einer Tarteform fächerartig schichten. Saft, Zucker, Zimt und Vanille in einen Schüttelbecher geben, gut vermengen und über die Orangen verteilen. Im vorgeheizten Backofen bei 220 °C 15 bis 20 Minuten garen. Mit Vanilleeis oder Schlagsahne servieren.

Der Weihnachtsbaum und seine Geschichte

Schon die Germanen holten sich in den Raunächten – so nannte man die Zeit zwischen dem 24. Dezember und dem 6. Januar – immergrüne Zweige ins Haus, die über den Eingang oder an die Zimmerdecke gehängt wurden. Manche stellten die Zweige auch in die Ecke einer Stube. Das Tannengrün symbolisierte Lebenskraft und Unsterblichkeit. Böse Geister sollten dadurch vertrieben werden.
Ab dem 15. Jahrhundert begann man, ganze Bäume in die Häuser zu holen. Im Laufe der Zeit wurden sie zunächst mit gebackenen Plätzchen, später auch mit Kerzen, roten Äpfeln und goldenen Nüssen behangen.

Inzwischen ist ein Weihnachtsfest bei uns ohne Tannenbaum kaum vorstellbar. Er hat sich zum beliebtesten Weihnachtssymbol entwickelt und an Faszination nicht verloren. Unter dem Weihnachtsbaum liegen häufig die Geschenke und machen ihn somit zu einem Mittelpunkt des Festes. Auswanderer haben den Tannenbaum in viele Teile der Erde verbreitet. Bis heute wird ein traditioneller Weihnachtsbaum mit Strohsternen – zur Erinnerung an das Stroh in der Krippe – mit roten Äpfeln – der Frucht der Erkenntnis aus dem Paradies –, mit Kerzen – als Zeichen dafür, dass Christus zum Licht der Welt geworden ist – und mit bunten Glaskugeln – einem Symbol der Vollkommenheit, das teilweise an die Stelle der Äpfel und goldenen Nüsse getreten ist – geschmückt. Mancherorts kommen Lametta, Holzfiguren und Naschzeug hinzu.

Am Weihnachtsbaum

Text: Hermann Kletke 1841 — Volksweise

Am Weih-nachts-baum die Lich-ter bren-nen, wie glänzt er fest-lich, lieb und mild
als spräch er: «Wollt in mir er-ken-nen ge-treu-er Hoff-nung stil-les Bild!»

Die Kinder stehn mit hellen Blicken,
das Auge lacht, es lacht das Herz;
o fröhlich seliges Entzücken!
Die Alten schauen himmelwärts.

Zwei Engel sind hereingetreten,
kein Auge hat sie kommen sehn;
sie gehn zum Weihnachtstisch und beten,
und wenden wieder sich und gehn.

«Gesegnet seid, ihr alten Leute,
gesegnet sei, du kleine Schar!
Wir bringen Gottes Segen heute
Dem braunen wie dem weißen Haar.

Zu guten Menschen, die sich lieben,
schickt uns der Herr als Boten aus,
und seid ihr treu und fromm geblieben,
wir treten wieder in dies Haus.»

Kein Ohr hat ihren Spruch vernommen;
unsichtbar jedes Menschen Blick
sind sie gegangen wie gekommen;
doch Gottes Segen blieb zurück!

15. Dezember

Winternacht

Der Winter ist gekommen
und hat hinweggenommen
der Erde grünes Kleid;
Schnee liegt auf Blütenkeimen,
kein Blatt ist auf den Bäumen,
erstarrt die Flüsse weit und breit.

Da schallen plötzlich Klänge
und frohe Festgesänge
hell durch die Winternacht;
in Hütten und Palästen
ist rings in grünen Ästen
ein bunter Frühling aufgemacht.

Volksgut

Hirten aus Wolle für die Weihnachtskrippe

Material:
- weiße Wolle im Band
- grüne und graue Wolle im Vlies
- Wolle in verschiedenen Brauntönen im Vlies
- Pfeifenputzer
- Nähzeug

Anleitung:
Wir beginnen mit den Figuren, wie bei Maria und Josef beschrieben (siehe Seite 48). Die Hirten haben Kleider in Braun- oder Grüntönen. Ihre Umhänge sind teilweise ausgefranst und bedecken nur spärlich den Körper. Die Hirten tragen schulterlanges Haar, manche einen Bart. Ihre Mützen sind wie bei Josef gefilzt, jedoch ohne große Krempe. Die Hirten können mit einem Schäfchen (Anleitung: siehe Seite 17) auf dem Arm, einem Hütestock oder einer Hirtentasche ausgestattet werden.

Für die Hirtentasche nehmen wir ein dunkelgrünes Wollstreifchen und legen es zu einer Tasche, die wir an den Seiten zunähen (siehe Zeichnung). Als Knopf können wir die Knospe eines Baumes oder ein Holzstückchen nehmen. Mit einem langen Trageriemen, der an der Tasche festgenäht ist, hat sie der Hirte über die Schultern gehängt.

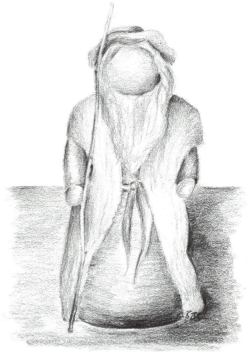

Dattelmakronen

Zutaten:
- 125 g Butter oder Margarine
- 250 g Haferflocken
- 100 g Honig
- 2 Eier
- 200 g entsteinte Datteln
- 50 – 100 g Mehl 1050
- 1/2 TL Backpulver
- ca. 70 Oblaten, 5 cm Durchmesser

Zubereitung:
Die Butter wird in einem Topf erhitzt und über die Haferflocken gegossen. Eier und Honig miteinander schaumig rühren. Kleingeschnittene Datteln, abgekühlte Haferflocken und Backpulver dazugeben. Den Teig 15 Minuten quellen lassen. Bei Bedarf Mehl dazugeben. Der Teig darf nicht auseinander fließen. Oblaten auf Backbleche verteilen und mit einem Teelöffel kleine Häufchen daraufsetzen. Im vorgeheizten Backofen bei 180 °C 15 bis 20 Minuten backen.

Taschenlampendetektiv

In den Wintermonaten ist es schon recht früh dunkel, sodass man dieses Spiel gut im Haus mit mehreren Personen spielen kann. Ein Spieler sucht sich im Zimmer einen Gegenstand aus und merkt ihn sich oder schreibt ihn auf einen Zettel. Dann werden alle Lichter ausgemacht. Der Detektiv zeigt mit dem Schein seiner Taschenlampe auf verschiedene Gegenstände und versucht herauszufinden, welchen sich der Mitspieler gemerkt hat. Findet er ihn heraus, kommen zwei andere Spieler an die Reihe. Das Spiel wird so lange gespielt, bis jeder einmal dran war.

In Mitten der Nacht

Volksweise aus dem Kinzigtal, 18. Jh.

1. In Mitten der Nacht, als Hirten erwacht, da hörte man klingen und Gloria singen ein' englische Schar, ja, ja, geboren Gott war.

Die Hirten im Feld verließen ihr Zelt.
Sie gingen mit Eilen, ganz ohne Verweilen
Dem Krippelein zu, ja, ja der Hirt und der Bu.

Sie fanden geschwind das göttliche Kind.
Es herzlich zu grüssen, es zärtlich zu küssen
sie waren bedacht, ja, ja, die selbige Nacht.

Es lächelt sie an, so lieb als es kann.
Es will ihnen geben das himmlische Leben,
die göttliche Gnad, ja, ja, und was es nur hat.

Rätsel

Es flog ein Vogel federlos
auf einen Baum blattlos.
Da kam die Frau mundlos
und aß den Vogel federlos.
(ekcolfeenhcS) *Volksgut*

16. Dezember

Weihnachtslied

Kein Sternchen mehr funkelt,
Tief nächtlich umdunkelt
Lag Erde so bang;
Rang seufzend mit Klagen
Nach leuchtenden Tagen,
Ach, Harren ist lang.

Als plötzlich erschlossen,
Vom Glanze durchgossen,
Der Himmel erglüht;
Es sangen die Chöre:
Gott Preis und Gott Ehre!
Erlösung erblüht.

Es sangen die Chöre:
Den Höhen sei Ehre,
Dem Vater sei Preis,
Und Frieden hienieden,
Ja Frieden, ja Frieden
Dem ganzen Erdkreis!

Clemens Brentano

Gefilzte Tasche

Material:
- graue Wolle im Vlies
- flüssige Seife
- heißes und kaltes Wasser
- Stickgarn, grün und schwarz
- Sticknadel
- graue gesponnene Wolle
- Karton
- Bleistift
- Schere
- Blumen- oder Wäschesprüher

Schnitt in 30 % der Originalgröße

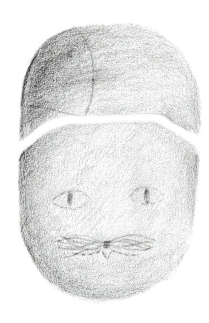

Anleitung:
Entsprechend unserer Skizze fertigen wir aus Karton eine Schablone. Diese umhüllen wir einmal von oben nach unten und einmal von rechts nach links gleichmäßig mit der Wolle. Besondere Sorgfalt ist jeweils an den Ecken erforderlich, damit keine Löcher entstehen. Die Wolle sollte möglichst straff um den Karton gelegt werden.

Nun wird die Wolle mit warmem Wasser (Blumen- oder Wäschesprüher) angefeuchtet. Das geht am besten am gewellten Abtropfteil der Spüle. Häufig nimmt die Wolle zunächst das Wasser nicht so gut auf. Durch das Aufdrücken der flachen Hände erreichen wir, dass das Wasser die Wolle durchdringt. Dann verteilen wir flüssige Seife erst in den Handflächen, danach auf der Wolle und reiben vorsichtig. Sollte sich

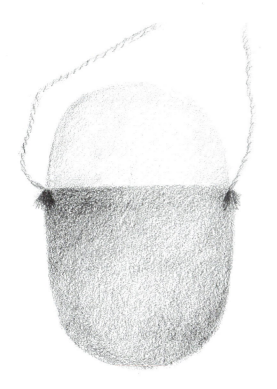

die Wolle verschieben, legen wir ein Stück ausgedienter Nylongardine darüber und reiben vorsichtig. Immer wieder drücken wir die feuchte Wolle von außen nach innen. Die Schablone muss spürbar sein, und die Wolle darf nicht darüber hinausrutschen. Mit der Zeit verbindet sich die Wolle, und es kann etwas fester gerieben werden, sogar auf dem gewellten Teil der Spüle. Das Wollteil ist fertig gefilzt, wenn die Wolle so weit geschrumpft ist, dass sie dicht und fest um die Schablone liegt. Diese Arbeit erfordert Zeit und Geduld.

Jetzt wird mit kaltem und heißem Wasser sorgfältig die Seife ausgewaschen, damit die Wolle nicht mit der Zeit brüchig wird. Dabei darf auch tüchtig geknetet werden. Das Wollteil kann auf der Heizung trocknen.

Als Nächstes wird das Filzteil oben aufgeschnitten (siehe Zeichnung). Aus dem übrig gebliebenen Filz schneiden wir zwei Ohren, die wir an der entsprechenden Stelle der Tasche festnähen. Wie auf unserem Foto zu sehen ist, sticken wir mit Stickgarn oder Wolle das Gesicht der Katze. Zum Schluss wird aus grauer gesponnener Wolle eine Kordel als Trageriemen gedreht und festgenäht. Damit der Inhalt der Tasche nicht so leicht herausfallen kann, ist es sinnvoll, in der Mitte einen Druckknopf zu befestigen.

Anstatt eines Katzengesichtes kann mit der gleichen Schablone auch eine bunte Filztasche gefertigt werden. Dafür verwenden wir weiße und bunte Schafswolle und umhüllen damit den Karton. Gefilzt wird wie oben beschrieben. Nach dem Trocknen wird nicht der ganze obere Teil abgeschnitten, sondern nur das Innenteil der Lasche (siehe Zeichnung). Dieses herausgeschnittene Teil wird etwas verkleinert und kann als kleine Innen- oder Außentasche weiter verarbeitet werden. Alle geschnittenen Kanten umsticken wir mit einem Festonstich. Dafür benutzen wir bunte gesponnene Wolle, die im Farbton zum Filz passt. Aus der gleichen Wolle drehen wir eine Schnur, die wir als Trageriemen festnähen. Nun brauchen wir noch einen Knopf und eine Schlaufe zum Verschließen der Tasche. Als Schlaufe nähen wir eine kleine gedrehte Kordel fest, oder wir häkeln sie aus Luftmaschen.

Schoko-Kokos-Kugeln

Zutaten:
- 1/8 l Sahne
- 50 g Kokosfett
- 2 Tafeln weiße Schokolade
- 150 – 175 g Kokosraspeln
- evtl. eine Prise Salz

Zubereitung:
Das Kokosfett mit der Sahne bei mittlerer Temperatur erwärmen. Nach und nach die Schokolade dazugeben. Zum Schluss 125 g Kokosraspeln unterrühren. Die Masse langsam abkühlen lassen. Dann zwischen den Handflächen kleine Kugeln formen und in den restlichen Kokosraspeln rollen. Schoko-Kokos-Kugeln müssen im Kühlschrank aufbewahrt werden und sind nur ein bis zwei Wochen haltbar.

Die Suche nach dem Christkind

Sonja ging in die zweite Klasse, sie hatte lange blonde Haare, blaue Augen und einen Teddy namens Bruno. Heute war Sonja sehr traurig, denn ihre Eltern hatten wieder einmal Streit gehabt. Eigentlich wusste sie gar nicht so genau, warum, aber das war ja auch egal. Wenn Mama und Papa sich gegenseitig anschrien, dann bekam Sonja immer Bauchschmerzen und wollte am liebsten weglaufen.

Als sie so dasaß, mit Bruno unter dem Arm, der sie wenigstens ein bisschen trösten konnte, hatte sie plötzlich eine Idee. Frau Fischer, Sonjas Lehrerin, hatte mit den Schülern heute über Weihnachten gesprochen, schließlich waren es ja nur noch drei Wochen bis zum Heiligen Abend. Sie sprachen darüber, warum es zu Weihnachten Geschenke gab, wer sie denn bringen würde und wo man das Christkind finden könne. Julius wusste es ganz genau: Das Christkind ist überall, und wenn wir gut hinschauen, können wir es sogar sehen, jedenfalls erzählte das immer seine Oma. Sonjas Entschluss stand fest: Sie wollte durch die Stadt gehen, um nach dem Christkind zu suchen. Ihren innigsten Wunsch, dass sich die Eltern nicht mehr so häufig streiten sollten, wollte sie dem Christkind gerne selbst mitteilen.

«Ich geh raus, spielen», sagte sie zu Mama, und schon warf sie die Haustür ins Schloss. Den Weg mit dem Bus bis zur Stadtmitte kannte sie gut, denn dort wohnte ihre Oma, und die durfte Sonja schon allein besuchen. Auf dem Weg dorthin beobachtete sie, wie eine ältere Frau mit nicht so schönen Kleidern auch mitfahren wollte. Sie hatte kein passendes Kleingeld und wurde deshalb vom Busfahrer recht mürrisch angeknurrt. Sonja konnte ihn nicht ganz verstehen, sah aber am Gesicht des Busfahrers und seinen Handbewegungen, dass er nicht freundlich war. Nein, hier ist das Christkind bestimmt nicht, dachte Sonja.

An der Bushaltestelle, an der sie sonst aussteigen musste, wenn sie zu ihrer Oma wollte, stieg sie auch heute aus. Zur Oma ging sie aber nicht, sondern schlenderte die Fußgängerzone entlang. Am Waffelstand blieb sie stehen. Schon oft hatte Oma ihr hier eine heiße Waffel gekauft. Aber heute konnte sie keine bekommen, denn sie hatte kein Geld dabei. Es war kalt, und allmählich fror Sonja an den Füßen und Händen. Da rief die Frau vom Waffelstand: «Na, möchtest du eine Waffel?» – «Ja, gerne, aber ich habe kein Geld dabei.» – «Gut, dann schenke ich dir heute eine!» Sonja freute sich sehr. «Vielen Dank!», rief sie. An der Waffel konnte sie sich die kalten Hände wärmen. Auch im Bauch wurde es ihr warm. Während sie aß, schlenderte sie weiter, um eine Ecke und noch ein Stück weiter und wieder um eine Biegung. Von den vielen Leuten, die Sonja begegneten, schien keiner Notiz von ihr zu nehmen. Sie aber beobachtete ganz genau und suchte weiter nach dem Christkind.

Inzwischen war es spät geworden. Die Laternen brannten schon. Viele Menschen waren unterwegs und sahen so geschäftig aus. Sie schienen es alle sehr eilig zu haben. Sonja hätte längst zu Hause sein müssen. Ihre Mutter machte sich große Sorgen. Überall, auch bei Oma und Julius, hatte sie angerufen, um nach Sonja zu fragen. Keiner hatte sie gesehen oder wusste, wo sie sein könnte. Da fing Mama an zu weinen. «Ich rufe jetzt die Polizei an», sagte Papa.

Sonja merkte, dass es gar nicht leicht war, das Christkind zu finden. Jetzt wollte sie nach Hause. An der nächsten Kreuzung musste die Bushaltestelle kommen. Aber dort war ein anderer Platz. Vielleicht eine Straße weiter … – Nein, da war sie auch nicht. Sonja hatte sich verlaufen. Sie fand den Weg nicht mehr zurück. Zwischen all den Menschen fühlte sich das Mädchen sehr einsam und verlassen. Wenn doch wenigstens Bruno bei ihr wäre. «Na, wen haben wir denn da?», hörte Sonja eine tiefe Männerstimme sagen. Vor ihr stand ein Polizist. «Ich bin Sonja Schneider und habe mich verlaufen.» – «Hm», machte der Polizist, «da muss ich mal mit meinem Kollegen von der Wache telefonieren.» Er holte sein Handy, tippte eine Nummer ein und sprach eine Weile. «Gleich kommt ein Kollege mit einem Streifenwagen», sagte er zu Sonja, «und dann bringen wir dich zu deinen Eltern, die warten nämlich schon und machen sich große Sorgen um dich.»

Als Sonja dann endlich wieder zu Hause war, nahm Mama sie ganz fest in den Arm. Sie schimpfte kein bisschen. «Mein Schatz, gut, dass du wieder hier bist! Aber wo hast du denn die ganze Zeit gesteckt?», fragte Mama mit verschnupfter Nase. «Ich war in der Stadt und habe das Christkind gesucht.» – «Das Christkind? Warum denn das?» – «Weil, weil …» Sonja druckste herum und hatte Tränen in den Augen. «Weil ich ihm sagen wollte, dass ihr euch nicht so viel streiten sollt.» Da legte Papa den Arm um die beiden. Eine ganze Weile standen sie so da. «Weißt du, in der letzten Zeit war alles ein bisschen viel für Mama und mich. Stimmt, wir hatten öfter als sonst Streit und gar nicht gemerkt, wie schlimm das für dich ist. Ich werde jetzt ganz gut aufpassen, damit es nicht mehr so häufig vorkommt», sagte Papa. Sonja war froh darüber, denn sie wusste, dass sie sich auf das verlassen konnte, was Papa sagte.

Es kommt ein Schiff

Andernacher Gesangbuch 1608

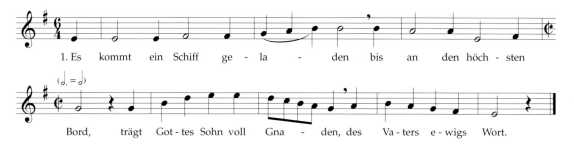

1. Es kommt ein Schiff geladen bis an den höchsten Bord, trägt Gottes Sohn voll Gnaden, des Vaters ewigs Wort.

Das Schiff geht still im Triebe,
Es trägt ein teure Last;
Das Segel ist die Liebe,
Der Heilig Geist der Mast.

Der Anker haft' auf Erden,
Da ist das Schiff an Land.
Das Wort tut Fleisch uns werden,
Der Sohn ist uns gesandt.

Zu Bethlehem geboren
Im Stall ein Kindelein,
Gibt sich für uns verloren;
Gelobet muß es sein.

Rätsel

Brauch keinen Motor und kein Rad
und komme dennoch gut in Fahrt.
(nettilhcS)   *Christel Dhom*

17. Dezember

Weihnachten

Markt und Straßen stehn verlassen,
still erleuchtet jedes Haus,
sinnend geh' ich durch die Gassen,
alles sieht so festlich aus.

An den Fenstern haben Frauen
buntes Spielzeug fromm geschmückt,
tausend Kindlein stehn und schauen,
sind so wunderstill beglückt.

Und ich wandre aus den Mauern
bis hinaus ins freie Feld,
hehres Glänzen, heil'ges Schauern!
wie so weit und still die Welt!

Sterne hoch die Kreise schlingen,
aus des Schnees Einsamkeit
steigt's wie wunderbares Singen –
O du gnadenreiche Zeit!

Joseph von Eichendorff

Wabenkerzen

Material:
- Bienenwachswaben
- Docht
- Schere
- scharfes Messer
- Ausstechförmchen

Anleitung:

Das Herstellen von Wabenkerzen ist wirklich kinderleicht. Bienenwachswaben sind in unterschiedlichen Größen erhältlich oder können mit einem Messer entsprechend geschnitten werden. Es ist möglich, sowohl dünne Baumkerzen als auch dicke Stumpenkerzen, z.B. für den Adventskranz, herzustellen. Dafür müssen zwei oder mehrere Wachswaben hintereinander um einen Docht gerollt werden.

Bienenwachswaben brechen schnell und müssen vorher angewärmt sein. Deshalb legt man sie für einige Zeit in die Nähe einer Heizung und prüft vor dem Verarbeiten, ob die Wabe

sich leicht biegen lässt. Als Unterlage ist ein Holzbrett oder die Arbeitsplatte der Küche geeignet. Wir nehmen einen Docht, dessen Stärke zur Dicke der gewünschten Kerze passt und rollen ihn am Ende einer Wabenplatte ein. Die Brennrichtung des Dochtes ist zu beachten. In der Regel ist das untere Teil des Dochtes mit einem Knoten versehen. Zum Schluss wird die Kante der Bienenwachswabe fest angedrückt, damit die Kerze nicht wieder aufspringt.

Ausstechförmchen für Plätzchen lassen sich sehr leicht in das Wachs drücken. Die dadurch entstandenen Formen können, in der Hand etwas angewärmt, als Verzierung einfach auf eine Stumpenkerze aufgedrückt werden. Mit einer Goldkordel versehen, werden ausgestochene Wachsformen auch zu hübschen Geschenkanhängern oder zu Baumschmuck. Zu beachten ist, dass man für dünne Kerzen auch einen dünnen Docht und für dicke Kerzen einen dickeren Docht verwendet. Die Dochtnummer entspricht in Zentimetern dem Kerzendurchmesser. Bezugsquellen sind im Anhang zu finden.

Marzipankartoffeln

Zutaten:
- 250 g Honigmarzipan
- 2 TL Kakao
- 2 TL Zimt

Zubereitung:
Honigmarzipan mit einem Messer in etwa 2 cm große Würfel schneiden. Mit feuchten Händen daraus Kugeln formen. Zimt und Kakao werden auf einer Untertasse oder in einem kleinen Schälchen vermischt und die Marzipankugeln darin gerollt.

Pizza backen (für kleine Kinder)

Ein Kind liegt mit dem Bauch auf den Knien des Erwachsenen zum «Pizzabacken». Dafür knetet der Erwachsene zuerst den Rücken des Kindes, dann streicht er mit der flachen Hand «den Teig» glatt. Mit zwei Fingern wird die «Tomatensoße» verteilt. Es folgen «Paprika, Zwiebeln, Oliven, Salami» usw. Dabei drückt der Erwachsene mit dem Zeigefinger ein wenig auf den Rücken an verschiedene Stellen. Zum Schluss wird der «geriebene Käse» über die ganz Pizza gestreut: Der Erwachsene krabbelt mit allen Fingern über den Rücken des Kindes. Jetzt wird die Pizza «in den Ofen geschoben» – mit den Beinen hin und her schaukeln. Gegessen wird die «Pizza» mit schmatzenden Geräuschen des Erwachsenen und leichtem Zwicken in den Rücken des Kindes.

Dieses Spiel ist bei kleinen Kindern sehr beliebt und muss häufig wiederholt werden. Sicherlich fallen dem Erwachsenen noch andere «Zutaten» für die Pizza ein.

Klinge, o Glöckchen

Weise und Text: Christoph Peter (1927–1982)

1. Kling, kling, klinge, o Glöcklein, und kling durch die stille weite Nacht!
2. Läute, läute die Menschen zusammen; denn heute kündest du Freud in der Nacht.

18. Dezember

Es kam der Frost, es kam das Eis,
erstarrt liegt die Natur.
Doch klage nicht, es ist kein Tod,
es ist ein Ruhen nur.
Vom Blühen und vom Tragen
ruht nun aus der müde Baum,
Der Vogel, lauten Singens satt,
singt nur noch wie im Traum;
Der Bach, des Laufens müde,
ruht im Bette von Kristall,
Es schläfet süßen, stillen Schlaf
die Erde überall.
Nur du, du willst nicht stillestehn
in deinem wachen Schmerz,
Aufs neu' treibst du die Wellen fort,
ruhloses, heißes Herz!

Justinus Kerner

Weihnachtskarten

Material:
- Wellpappe oder Fotokarton (rot, blau, grau oder kartonfarben)
- Juteband
- Bastband
- geschöpfte Papiere
- getrocknete Orangenscheiben
- Sterne oder Herzen aus Bienenwachswaben
- Zimtstange, Sternanis usw.
- altes Notenpapier
- Klebstoff, Schere
- Schreibmaschinenpapier
- Paketanhänger ohne Goldkordel (siehe Seite 97)

Anleitung:
Einen Bogen Pappe biegen wir an der schmalen Seite ca. 11 cm um, falzen ihn und schneiden an der Kante entlang ab. Aus diesem langen Klappdeckel können wir 3 Karten von ca. 16 cm Höhe abschneiden. Diese werden dann ganz individuell mit den oben angegebenen Materialien gestaltet. Es sollten jedoch nicht mehr als drei Schichten übereinander geklebt

Schnitt in 30 % der Originalgröße

werden, da die Karte sonst zu dick wird und nicht in einen Briefumschlag passt. In die Karte hinein legen wir einen halben Bogen Schreibmaschinenpapier zum Beschriften. So kann die Karte vom Empfänger ein zweites Mal genutzt werden.

Auch den Briefumschlag können wir selbst herstellen. Wir übertragen unsere Schablone auf Tonpapier, das farblich zur Weihnachtskarte passt, und schneiden sie aus. Das Papier schlagen wir an allen vier Ecken ein und kleben den unteren Teil jeweils an zwei Seiten fest (siehe Zeichnung). Für Briefumschläge eignen sich auch alte Kalenderblätter oder festes Geschenkpapier.

Orangenschnitten

Zutaten:
- 4 Eier
- 250 g Margarine
- 250 g Zucker
- 1 Päckchen Bourbon-Vanillezucker
- 250 ml frisch gepresster Orangensaft
- 300 g Mehl
- 1 Päckchen Backpulver

Zubereitung:
Die Eier mit dem Zucker, dem Vanillezucker und der Margarine schaumig rühren. Den Orangensaft dazugeben. Das mit dem Backpulver vermischte Mehl fein sieben und vorsichtig unterheben. Den Teig auf ein gefettetes flaches Backblech geben und 25 bis 30 Minuten bei 175° C backen.
Tipp: Nach dem Erkalten den Kuchenteig mit Orangengelee bestreichen, in rechteckige Stücke schneiden und mit Schlagsahne servieren.

Weihnachten in anderen Ländern

Für die meisten Menschen ist Weihnachten das beliebteste und schönste Fest des Jahres. Es wird in mehr als 140 Ländern der Erde gefeiert, jedoch vielerorts ein bisschen anders. Teilweise sind die Menschen sehr arm und freuen sich über ganz andere Dinge als wir. Im Mittelpunkt steht aber die Geburt von Jesus Christus. Fast überall gilt als wesentlicher Bestandteil das Zusammensein mit der Familie und Freunden bei gutem, reichhaltigem Essen.

Ganz früher haben alle Christen Weihnachten am 6. Januar gefeiert. Dann führte der römische Kaiser Konstantin im 4. Jahrhundert einen neuen Kalender ein und verlegte das Weihnachtsfest auf den 25. Dezember. Bis heute feiern aber die orthodoxen Christen, wie z.B. in Russland und Griechenland, ihr Weihnachtsfest am Dreikönigstag.

In Spanien ist es Brauch, schon Anfang Dezember eine Krippe aufzubauen. Am Heiligen Abend geht man um Mitternacht zur Messe. Es folgt ein üppiges Festessen und ein ausgelassenes fröhliches Fest. Geschenke gibt es erst am Morgen des 6. Januar für die Kinder. Unter Erwachsenen ist es nicht üblich, sich zu beschenken. So wie die Könige das Jesuskind beschenkt haben, werden am Dreikönigstag die Kinder beschenkt.

«Sinterklaas» bringt am 6. Dezember in Holland die Päckchen. Sie sind lustig verpackt und irgendwo in der Wohnung versteckt. Häufig befindet sich in einem riesigen Paket ein kleines Geschenk mit einem witzigen Spruch. Die eigentlichen Weihnachtsfeiertage werden im Kreise der Familie eher ruhig verbracht.

In Schweden ist das Besondere in der Weihnachtszeit der Luciatag am 13. Dezember. Meist verkleidet sich an diesem Tage die älteste Tochter einer Familie als Lucia. Sie trägt ein langes, weißes Kleid und auf dem Kopf einen grünen Kranz, in den brennende Kerzen gesteckt werden. Als Lichtbringerin weckt sie die übrigen Familienmitglieder und bringt ihnen das Frühstück ans Bett.

Auch in Italien gedenkt man der heiligen Lucia. Die Kinder bekommen entweder am Luciatag oder am Heiligen Abend oder am Morgen des 25. Dezember oder aber am 6. Januar ihre Geschenke. Das ist von Region zu Region verschieden. «Betana», so heißt die Hexe, die am Dreikönigstag auf einem Besen durch den Schornstein kommt, um Süßigkeiten in die Strümpfe zu füllen. Das Wichtigste ist jedoch die Krippe. Sie wird aus Teig gebacken, aus Holz geschnitzt oder aus einem anderen Material kunstvoll hergestellt. Sehr aufwändig werden ganze Landschaften um die Krippe herum gebaut.

In England werden zur Weihnachtszeit sehr viele Grußkarten verschickt. Es ist dort üblich, sie an eine lange Schnur vor den Kamin zu hängen. Durch den Schornstein kommt «Father Christmas» am Morgen des 25. Dezember, um Süßigkeiten in die Strümpfe zu füllen, die am Kamin hängen. Teilweise maskieren sich die Kinder, um ausgelassen und fröhlich zu feiern. Zum ausgiebigen Essen gehört der Plumppudding, der warm verspeist wird.

Nur im Norden von Frankreich gibt es zu Weihnachten einen Tannenbaum. Je weiter man nach Süden kommt, umso weniger wachsen Nadelbäume. Da sie dort sehr teuer wären, verzichtet man lieber darauf. Von Bedeutung sind aber der Gottesdienstbesuch – meist um Mitternacht – und ein festliches Essen, das mehrere Stunden dauert. Danach beschenkt man sich.

Australien ist der Kontinent, der am weitesten von uns entfernt liegt. Auch dort feiert man Weihnachten. Das Fest beginnt am Heiligen Abend mit dem Gottesdienst um Mitternacht. Geschenke gibt es dann am Morgen des 25. Dezember. Sie werden vom Weihnachtsmann gebracht, der auf einem Schlitten sitzt und von weißen Kängurus gezogen wird. Zur Weihnachtszeit ist es in Australien sehr heiß. Deshalb fahren die Menschen dort an den Feiertagen gerne zum Meer und essen am Strand kalte Speisen. Lustig ist aber das Liedersingen von der weißen Weihnacht, vom Schlitten und der bitterkalten Nacht. In den Geschäften findet man künstlichen Schnee, Plastikweihnachtsbäumen mit elektrischer Beleuchtung und sogar Schneemänner. Das kommt daher, dass viele Einwohner aus Europa einwanderten und ihre Traditionen beibehalten wollten.

Obwohl es in Indien nicht so viele Christen gibt, ist dort an Weihnachten auch ein Feiertag. Viele Menschen sind sehr arm. Trotzdem wird mit allen Nachbarn und Freunden gefeiert. Jeder bringt einfach etwas zum Essen für ein herrliches Festmahl mit. Zu Weihnachten bekommen viele etwas Neues zum Anziehen, und das ist das Allerschönste.

In den USA könnte man fast glauben, dass an Weihnachten Neujahr und Fasching zusammenfallen würden. Es wird ein lustiges Fest mit Feuerwerk, Knallfröschen, Luftschlangen und teilweise sogar mit Masken gefeiert. Die Häuser werden außen mit vielen bunten Lichtern am Dachrand entlang oder mit Tannengirlanden um die Eingangstür geschmückt. Am 25. Dezember bringt Santa Claus die Geschenke.

Bolivien ist ein Land in Südamerika. Anfang Dezember werden dort Mais oder Reiskörner gesät, damit sie an Weihnachten grün aus der Erde hervorspitzeln. Dies gilt als untrügliches Zeichen dafür, dass durch die Geburt Jesu Christi die Erde eine Erneuerung erfahren hat. In Bolivien wird auch eine Krippe aufgebaut, wobei Maria und Josef so aussehen wie die Menschen dort, nämlich mit ganz schwarzen Haaren und einer rotbraunen Haut. Auch die Landschaft um die Krippe herum entspricht der des Landes. Kurz vor Mitternacht gehen alle zur Kirche. Danach wird mit Verwandten gefeiert. Es werden Kerzen angezündet, Honigplätzchen serviert, Lieder gesungen und kleine Geschenke verteilt.

Auch in Benin, einem kleinen Land an der afrikanischen Westküste, wird eine Weihnachtskrippe aufgebaut. Hier haben Maria, Josef und das Jesuskind natürlich eine schwarze Hautfarbe. Meist ist die Krippe aber nur in einer Kirche zu finden, da die meisten Menschen sehr arm sind. Das Wichtigste an Weihnachten sind der Gottesdienst und das anschließende Festessen. Schon viele Tage vorher freuen sich die Menschen darauf. Nach dem Gottesdienst versammeln sich alle auf dem Kirchplatz und verteilen die mitgebrachten Speisen; vor allem Fleisch, das es nur an Feiertagen, oft nur einmal im Jahr, gibt, ist sehr beliebt. Verwandte und Freunde beschenken sich ebenfalls mit Speisen.

Joseph, lieber Joseph mein

«Resonet in laudibus» 14. Jh.
Wittenberg 1544

Jo-seph, lie-ber Jo-seph mein, hilf mir wie-gen mein Kin-de-lein,

Gott der wird dein Loh-ner sein, im Him-mel-reich, der Jung-frau Sohn Ma-ri-a.

Gerne, liebe Maria mein,
helf ich wiegen dein Kindelein,
Gott, der wird mein Lohner sein,
im Himmelreich,
der Jungfrau Sohn Maria.

Süßer Jesu auserkor'n,
weißt wohl, dass wir war'n verlor'n
still uns deines Vaters Zorn,
hat dich gebor'n
die reine Magd Maria.

19. Dezember

Winter

Nun ist es Winter worden,
die Luft geht scharf und klar,
der Schnee treibt kalt von Norden,
der Baum trägt Eis im Haar.

Der Bach kann nicht mehr klingen,
fror bis hinab zum Grund,
Forelle nicht mehr springen,
friert alles rings im Rund.

Die Vögel sind verflogen,
ihr Lied ist lang vorbei.
Am grauen Himmelsbogen
krächzt nur noch Rabenschrei.

Fritz Amsler

Duftsterne oder Duftherzen aus Ton

Material:
- Ton
- Wellholz
- große Ausstechformen
- Satinband, Bastband
- Thujazweig
- Messer und Schere

Anleitung:
Wir verwenden Ton, der nach dem Brennen eine Terracottafarbe hat. Auf einem Wachstuch oder einer abwaschbaren Fläche rollen wir mit einem Wellholz den Ton zu einer ca. 1 cm dicken Fläche aus. In diese drücken wir große Ausstechformen. Mit Hilfe eines Messers lösen wir die Tonformen von der Unterlage und glätten mit feuchten Fingern die Ränder. Ein Loch zum Aufhängen wird nun mit einer Stricknadel durchgedrückt.

Nach dem Brennen ziehen wir ein grünes Satinband durch das Loch. Mit Bastband, Thujazweig und anderem schmücken wir die Terracottaformen. Jetzt können sie, mit Duftöl beträufelt, für einen angenehmen Geruch im Bad, Gäste-WC oder einem anderen Platz im Hause sorgen.

Aprikosen-Mandel-Taler

Zutaten:
- 200 g getrocknete, ungeschwefelte Aprikosen
- pro Aprikose eine abgezogene Mandel
- 1/2 Tafel Zartbitterschokolade
- 1/4 Würfel Kokosfett

Zubereitung:
Die Mandeln werden mit heißem Wasser übergossen und enthäutet. Bei sehr schwacher Hitze wird erst das Kokosfett und dann die Schokolade in einem Topf unter ständigem Rühren zum Schmelzen gebracht. Auf eine flach gedrückte Aprikose wird eine abgezogene Mandel gelegt und zur Hälfte in die flüssige Schokolade getaucht. Danach auf einem Kuchengitter abkühlen lassen.

Hindernislauf im Wohnzimmer

Oft ist das Wetter im Dezember nass und kalt, sodass es den Kindern an Bewegung mangelt. Deshalb darf ausnahmsweise das Wohnzimmer zum Turnraum verwandelt werden. Mit Sesseln, Stühlen, Einkaufskörben, Kissen, Hockern usw. bauen wir einen Parcours. Ein Erwachsener sollte die Sicherheit der «Turngeräte» vor Gebrauch überprüfen. Der Parcours muss entweder innerhalb einer bestimmten Zeit oder aber in Begleitung bestimmter Gegenstände, z.B. mit einem Buch auf dem Kopf, einem Körbchen Nüsse in der Hand, überwunden werden. Vielleicht muss man auch ein paar Probeläufe zuvor gestatten. Möglicherweise gibt es zum Schluss für alle Teilnehmer einen Preis.

Rätsel

Die Stuben erleuchtet er.
Auf dem Tisch steht er.
Die Kinder erfreut er.
Weihnachtlich duftet er.
(znarkstnevdA) *Christel Dhom*

Was soll das bedeuten

Aus Schlesien

1. Was soll das bedeuten, es taget ja schon;
ich weiß wohl, es geht erst um Mitternacht rum.
Schaut nur daher! Schaut nur daher!
Wie glänzen die Sterne je länger je mehr.

Treibt zusammen, treibt zusammen die Schäflein fürbaß!
treibt zusammen, treibt zusammen, dort zeig ich euch was:
Dort in dem Stall, dort in dem Stall
werd't Wunderding sehen, treibt zusammen einmal.

Ich hab nur ein wenig von weitem geguckt,
Da hat mir mein Herz schon vor Freuden gehupft:
Ein schönes Kind, ein schönes Kind
Liegt dort in der Krippe bei Esel und Rind.

Ein herziger Vater, der steht auch dabei,
Eine wunderschöne Jungfrau kniet auch auf dem Heu.
Um und um singt's, um und um klingt's,
Man sieht ja kein Lichtlein, so um und um brinnt's.

Das Kindlein, das zittert vor Kälte und Frost,
Ich dacht mir: wer hat es denn also verstoßt,
Daß man auch heut, daß man auch heut
Ihm sonst keine andere Herberg anbeut?

So gehet und nehmet ein Lämmlein vom Gras
Und bringet dem schönen Christkindlein etwas:
Geht nur fein sacht, geht nur fein sacht,
Daß ihr dem Kindlein keine Unruh nicht macht.

20. Dezember

Ich bin
mehr als das tote Gestein,
weil der Vater
als Weltengestalter
aufrechten Gang meinem Körper gegeben.

Ich bin
mehr als die schlafende Pflanze,
weil der Sohn
als Weltenwort
in meinem Herzen wohnt.

Ich bin
mehr als das träumende Tier,
weil der Geist
als Weltengedanke
mein Haupt erleuchtet.

Ich bin Mensch,
Schöpfer an der Gemeinschaft freier Wesen,
Miterlöser aller Kreaturen, durch Wahrheit,
durch liebende Worte,
durch Taten, die stark sind.

Albert Steffen

Stern aus Wolle

Material:
- Karton
- Goldkordel
- Glöckchen
- weiße Schafwolle im Band
- Bleistift und Schere

Anleitung:
Entsprechend unserer Vorlage zeichnen wir einen Stern auf Karton und schneiden ihn aus. Mit dünnen Schafwollstreifchen umwickeln wir flächig den Karton. Sorgfältig müssen jeweils die Sternspitzen gearbeitet werden. Die Wolle wird in dünnen Schichten übereinander gelegt, bis der Sternenrand 1,5 bis 2 cm dick ist. Nun umwickeln wir mit Goldkordel die Wolle und verknoten die Enden. Zum Schluss wird mit einer Goldkordel das Glöckchen in die Mitte des Sternes gehängt. Aus den überstehenden Resten gestalten wir eine Schlaufe zum Aufhängen.

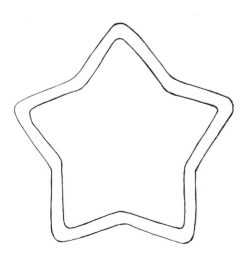

Vorlage in 30 % der Originalgröße

Ein schöner Seidenschal

Es waren nur noch vier Tage bis Weihnachten. Mama hatte schrecklich viel zu tun. An ihrem Gesicht sah man, dass es besser war, keine unnötigen Fragen zu stellen und in der Wohnung nichts liegen oder stehen zu lassen, was ihre Anspannung zum Entladen bringen konnte, wie benutzte Taschentücher, leere Gläser, Bonbonpapier, schmutzige Socken und Ähnliches. Die Festvorbereitung lag ganz in Mamas Hand: Hausputz, Dekoration, Geschenke, Einkäufe, Feiertagsmenü und was es sonst noch zu erledigen gab. Papa hörte sich abends an, worum sich Mama schon gekümmert hatte, drückte ihr einen Kuss auf die Wange und sagte dann: «Ach, Schatz, wie schön du das immer machst!» Mama schmolz in seinen Armen dahin und vergaß zu sagen: «Du könntest ja mal früher nach Hause kommen und diesen oder jenen

Einkauf übernehmen oder das Bad putzen.» Nein, sie sagte gar nichts und lächelte nur zufrieden vor sich hin.

In diesem Jahr war Mama besonders nervös, weil sie noch nichts Passendes für Tante Erika hatte. Tante Erika war die Schwester von Großmutter. Sie lebte allein und hatte keine Familie. Wir waren ihre Familie. Deshalb wurden wir jedes Jahr am zweiten Feiertag zu ihr zum Kaffee eingeladen. Ich malte für Tante Erika ein Bild mit einem Tannenbaum, einer Krippe und natürlich einem Christuskind. Mama strich mir über den Kopf und sagte: «Das hast du aber schön gemacht. Tante Erika wird sich bestimmt darüber freuen.»

Mama hatte so schrecklich viel zu tun, dass ihr einfach kein geeignetes Geschenk einfallen wollte und Papa natürlich auch nicht. Da schauten sie in der Geschenkekiste nach, die ganz oben im Regal der Abstellkammer stand. In der Kiste bewahrte Mama kleine Nettigkeiten für jedermann auf, die zum Verschenken gedacht waren. Es fanden sich darin Kerzen in ganz unterschiedlichen Farben und Größen, dicke und dünne Bücher, ein Handtuch mit passenden Waschlappen, ein Korkenzieher in einer kunstvollen Schachtel und ein – gelb karierter Seidenschal. Mama stieß einen Freudenschrei aus, als sie ihn sah, nahm ihn gleich an sich und jubelte: «Na, ist das nicht ein ideales Geschenk für Tante Erika? Gelb kariert ist doch für eine Dame ihres Alters geeignet und dann auch noch aus edler Seide!» Papa stimmte ihr selbstverständlich zu. Der Schal wurde in schönes Papier gewickelt, mit einer Schleife versehen und für den Besuch zur Seite gelegt.

Am zweiten Weihnachtsfeiertag machten wir uns also auf den Weg zu Tante Erika. Sie hatte den Kaffeetisch besonders schön gedeckt, viele Kerzen angezündet und schon Kaffee und Tee vorbereitet. Auf dem Tisch standen bereits Christstollen, Honigkuchen, ein Sahnekuchen und leckere Plätzchen. Doch bevor wir uns an den Tisch setzten, überreichten wir Tante Erika unsere Geschenke. Ich hatte mein Bild für sie zusammengerollt und eine Schleife darum gebunden. Als Erstes packte sie die Rolle auf und betrachtete sich sehr genau, was ich für sie gemalt hatte. «O, da hast du dir aber viel Mühe gegeben. Es ist wunderschön geworden. Ich stelle es mir auf die Kommode, damit ich es mir noch öfter anschauen kann.» Dann packte sie das Geschenk von Mama und Papa aus. Tante Erika nahm den Seidenschal aus dem Papier, ließ ihn mehrmals durch ihre Finger gleiten, hatte ein vornehmes Lächeln auf den Lippen und wirkte ein wenig nachdenklich. «Ach, Kinder», so sagte sie oft zu Mama und Papa, obwohl sie doch schon groß waren, «was habt ihr mir für eine Freude gemacht. Gelb ist doch meine Lieblingsfarbe.» Mama war sichtlich erleichtert und freute sich ihrerseits über das durchaus gelungene Geschenk. Tante Erika überreichte meinen Eltern einen Briefumschlag, damit sie sich einen Wunsch erfüllen konnten, und ich bekam ein dickes Buch mit spannenden Geschichten. Es wurde noch ein netter Nachmittag, an dem ich so viel Kuchen und Plätzchen essen durfte, wie ich wollte.

Eigentlich könnte man meinen, die Geschichte sei jetzt zu Ende, aber sie ging tatsächlich noch weiter, nämlich an Tante Erikas Geburtstag. Das war im Sommer. Sie hatte viele Leute eingeladen und natürlich Großmutter und uns, denn wir waren ja ihre Familie. Alle hatten sich sehr schick gemacht, weil es ein besonderer Geburtstag war, an dem Tante Erika eine Schnapszahl bekam. Nun, es wurde viel gegessen, getrunken, gescherzt und gelacht. Als alle bereits gegangen waren und nur noch Mama, Papa, Großmutter und ich übrig blieben, sah Tante Erika sehr glücklich aus in ihrem neuen, dunkelblauen Kleid. Darauf trug sie den Schal, den wir ihr zu Weihnachten schenkten. Sie hatte ihn zweimal um den Hals geschlungen und mit einer goldenen Brosche am Kleid befestigt.

«Du siehst richtig gut aus, und der Schal steht dir ausgezeichnet», schwärmte Papa, der ja keine Ahnung hatte. «Ja, danke. Ach, apropos Schal, ich hatte dir doch einmal genau den gleichen geschenkt», sagte sie, zu Großmutter gewandt, «und habe ihn noch nie an dir gesehen.» Großmutter wurde verlegen und blickte hilfesuchend zu Mama. «Weißt du», begann sie stockend, «kariert mochte ich noch nie so sehr, und er lag immer nur im Schrank und …» – «Das hättest du mir doch sagen können», unterbrach sie Mama, der wiederum siedend heiß eingefallen war, dass der gelb karierte Seidenschal ein Geschenk von Großmutter war. Papa fing herzhaft an zu lachen. Er konnte sich kaum beruhigen. Nach und nach wurden die anderen angesteckt. Es entstand ein lautstarkes Gelächter.

Tante Erika musste sich immer wieder schütteln vor Lachen, und es dauerte eine ganze Weile, bis sie wieder reden konnte: «Wochenlang lief ich an dem Geschäft gleich um die Ecke vorbei, um mir diesen wunderschönen Schal anzuschauen. Er gefiel mir so gut, war mir aber einfach zu teuer. Dann kam dein Geburtstag immer näher, liebe Lisbeth» – so heißt meine Großmutter – «und ich hatte noch nichts Rechtes, als mir der Gedanke kam, für dich diesen Schal zu kaufen. Schließlich sollte es ja etwas Besonderes sein. Als ich ihn zum ersten Mal in meinen Händen hielt, gefiel er mir noch besser als im Schaufenster. Ich habe mich nur schwer von ihm getrennt, und jetzt bin ich so froh, dass ich ihn tragen darf, und bin keinem auch nur ein bisschen böse.»

Wolfzahngebäck

Zutaten:
- 3 Eier
- 100 – 150 g Zucker
- 3 EL heißes Wasser
- 150 g Mehl
- 50 g Kokosflocken
- 1 TL Backpulver

Zubereitung:
Die Eier mit dem Zucker und dem heißen Wasser schaumig rühren. Das Backpulver unter das Mehl mengen, fein sieben und nach und nach unter die Schaummasse geben. Zum Schluss die Kokosflocken unterheben. Mit einem Teelöffel drei Häufchen in die Furche eines Wolfzahnbackbleches geben. Das Backblech sollte gut gefettet und bemehlt sein. Bei 175 °C leicht braun backen.

Kommet, ihr Hirten

Text: Karl Riedel
Melodie: Volksweise aus Böhmen

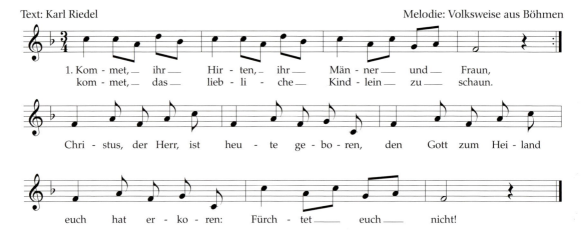

1. Kommet, ihr Hirten, ihr Männer und Fraun,
kommet, das liebliche Kindlein zu schaun.
Christus, der Herr, ist heute geboren,
den Gott zum Heiland euch hat erkoren:
Fürchtet euch nicht!

Die Hirten:
Lasset uns sehen in Bethlehems Stall,
was uns verheißen der himmlische Schall.
Was wir dort finden, lasset uns künden,
lasset uns preisen in frommen Weisen: Halleluja.

Alle:
Wahrlich, die Engel verkündigen heut
Bethlehems Hirtenvolk gar große Freud.
Nun soll es werden Friede auf Erden,
den Menschen allen ein Wohlgefallen: Ehre sei Gott!

Rätsel

Was grünt im Sommer und im Winter
erfreut zur Weihnachtszeit die Kinder?
(muabnennaT) *Volksgut*

21. Dezember

Der Winter

Der Winter ist ein rechter Mann,
kernfest und auf die Dauer.
Sein Fleisch fühlt sich wie Eisen an,
er scheut nicht süß noch sauer.

Wenn Stein und Bein vor Frost zerbricht
und Teich' und Seen krachen;
Das klingt ihm gut, das hasst er nicht,
dann will er sich totlachen. –

Sein Schloss von Eis liegt ganz hinaus
beim Nordpol an dem Strande;
doch hat er auch ein Sommerhaus
im lieben Schweizerlande.

Da ist er denn bald dort, bald hier,
gut Regiment zu führen,
und wenn er durchzieht, stehen wir
und sehn ihn an und frieren.

Matthias Claudius

Geschenkpapier

Material:
- dünnes Zeichen- oder Zeitungspapier DIN A3
- Schablonen aus Karton
- Schere
- Wachsblöckchen oder Buntstifte

Anleitung:
Aus Karton fertigen wir entsprechend unserer Vorlage Schablonen an. Diese werden einzeln unter das Papier gelegt. Vorsichtig reiben wir mit einem Wachsblöckchen oder einem Buntstift darüber. Je nach Belieben kann ein Papier mit einem Motiv und einer Farbe oder mehreren Farben oder mit unterschiedlichen Motiven und Farben gestaltet werden. Da auf der Wachsfarbe Tesafilm nicht so gut hält, sollten die Geschenke auch immer mit einer Schleife zugebunden werden.

Geschenkanhänger

Material:
- Fotokarton bzw. Tonpapier in verschieden Farben
- Schere
- Bleistift
- Goldkordel und entsprechende Nadel

Anleitung:
Dieselben Schablonen, die wir für das Herstellen des Geschenkpapiers benutzt haben, verwenden wir jetzt auch als Vorlage für die Geschenkanhänger. Diese legen wir auf den Fotokarton, umfahren sie mit einem Bleistift und schneiden sie aus. Dann ziehen wir mit einer Nadel eine Goldkordel durch jedes Kartonstück und versehen die Enden mit einem Knoten. Geschenkanhänger können mit dem Namen desjenigen, der das Päckchen bekommen soll, versehen werden.

Fruchtschnitten

Zutaten:
- 200 g getrocknetes Mischobst (Äpfel, Pflaumen, Feigen, Aprikosen, Birnen)
- 50 g grob gehackte Haselnüsse
- 1 EL Obstler
- 1 EL Zitronensaft
- 2 Backoblaten 122 x 202 mm

Zubereitung:
Das Mischobst mit einem Messer sehr klein schneiden oder durch einen Fleischwolf drehen. Mit den grob gehackten Haselnüssen, dem Obstler und dem Zitronensaft vermengen und flach auf eine Backoblate bis zum Rand drücken. Die zweite Backoblate darauflegen und mit einem Frühstücksbrett beschweren, evtl. noch eine Flasche daraufstellen. Bis zum nächsten Tag trocknen lassen und in Rauten schneiden.

Tipp: Fruchtschnitten sind eine Süßigkeit, die das ganze Jahr über als Nascherei angeboten werden kann.

Einige Gedanken zum Schenken

Das Schenken gehört zu Weihnachten wie der Morgen zum Tag. Gott hat uns seinen Sohn und seine Liebe geschenkt. Zur Erinnerung an Jesu Geburt beschenken wir uns an Weihnachten. Ist das wirklich noch so? Sind es nicht auch eine ganze Reihe gesellschaftlicher Verpflichtungen, denen wir uns unterwerfen; lassen wir uns nicht vom Kommerz bestimmen? Noch nie gab es so viele Geschäfte und so viele Einkaufsmöglichkeiten wie heute. Die Regale sind stets gefüllt mit Nützlichem und Brauchbarem, aber auch mit allerlei Kitsch und unnötigem Kram. Wo ist die Grenze? Für was sollen wir uns entscheiden? Die meisten von uns sind doch in der Lage, sich selbst die kleineren oder mittleren Wünsche zu erfüllen. Die Freude über ein Geschenk endet beim Auspacken nicht selten mit einer Enttäuschung. Ist das die Folge von Übersättigung?

Nun, wie soll ein gutes, echtes Geschenk denn aussehen? Selbstverständlich möchte man den Beschenkten damit beglücken. Ein Geschenk sollte nicht peinlich verpflichtend, weil zu groß oder zu teuer, aber dennoch großzügig und keineswegs geizig sein. Ein Stück von uns selbst möchten wir gerne schenken, um unsere Zuneigung und Liebe auszudrücken, ohne Eigennutz. Ein altes Sprichwort sagt: Kleine Geschenke erhalten die Freundschaft.

Für all das brauchen wir Muße, Ruhe und Zeit. Zeit, um an den anderen zu denken, Zeit zum sorgfältigen Auswählen eines passenden Geschenkes, Zeit zum liebevollen Verpacken, Zeit füreinander und am besten miteinander. Dazu ist von Eugen Roth folgendes Zitat bekannt: «Zeit hat man nicht, Zeit nimmt man sich.» In Zeiten, in denen wir uns viele Wünsche selbst erfüllen können, ist Zeit, von der wir alle gleich viel haben, zu einem kostbaren Geschenk geworden. Darum haben auch selbst hergestellte Präsente wieder an Wert gewonnen, was aber nicht bedeutet, dass alles Gekaufte wertlos ist. Um Enttäuschungen oder falsche Erwartungen zu vermeiden, ist es sicher sinnvoll, sich im Familien- und Freundeskreis über Art und Umfang des Schenkens auszutauschen. Wichtig ist, Raum für Fantasie, Spontaneität und Individualität zu lassen, um das Schenken nicht auf den Austausch gleichwertiger Geschenke zu reduzieren.

Kleine Geschenke brauchen eine nette Verpackung

Material:
- Tonpapier (Fotokarton)
- Klebstoff
- Schere
- Bleistift
- Karton für Schnittmuster

Anleitung:
Entsprechend unserer Vorlage auf der nächsten Seite fertigen wir uns aus Karton ein Schnittmuster. Dieses übertragen wir auf Tonpapier, schneiden es aus und falten die durchgezogenen Linien. Am Stern wird die gestrichelte Linie eingeschnitten. Nun versehen wir die vier Laschen mit Klebstoff und drücken sie an den vier Seitenteilen fest. Die Sterne werden zum Verschließen an den Schnittflächen ineinander geschoben. Fotokarton wird benötigt, wenn das Schatzkästchen größer als hier angegeben werden soll.

O Tannenbaum

22. Dezember

Der Traum

Ich lag und schlief; da träumte mir
Ein wunderschöner Traum:
Es stand auf unserm Tisch vor mir
Ein hoher Weihnachtsbaum.

Und bunte Lichter ohne Zahl,
Die brannten ringsumher;
Die Zweige waren allzumal
Von goldnen Äpfeln schwer.

Und Zuckerpuppen hingen dran;
Das war mal ein Pracht!
Da gab's was ich nur wünschen kann
Und was mir Freude macht.

Und als ich nach dem Baume sah
Und ganz verwundert stand,
Nach einem Apfel griff ich da,
Und alles, alles schwand.

Da wacht' ich auf aus meinem Traum,
Und dunkel war's um mich.
Du lieber, schöner Weihnachtsbaum,
Sag an, wo find ich dich?

Da war es just, als rief er mir:
«Du darfst nur artig sein;
Dann steh ich wiederum vor dir;
Jetzt aber schlaf nur ein!

Und wenn du folgst und artig bist,
Dann ist erfüllt dein Traum,
Dann bringet dir der heil'ge Christ
Den schönsten Weihnachtsbaum.»

Hoffmann von Fallersleben

Weihnachtssterne aus Filz als Tischdekoration

Material:
- roter Filz
- gelbe Holzperlen, 2 mm
- Nähzeug

Anleitung:
Entsprechend unserer Vorlage übertragen wir die Blütenform auf Karton. Wir schneiden sie aus, um sie dann als Schablone zu verwenden. Auf den roten Filz zeichnen wir mit Bleistift fünf Blütenblätter auf, die wir ebenfalls ausschneiden. In eine Nadel fädeln wir einen ro-

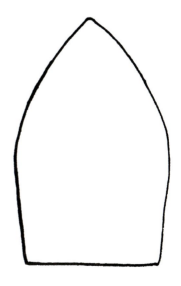

Schnittvorlage in Originalgröße

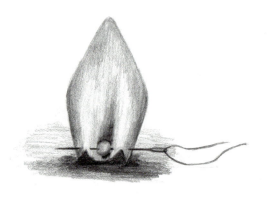

ten Faden ein, lassen ihn doppelt und verknoten ihn am Ende. Damit nähen wir am Ende des Blütenblattes einen Steppstich, fädeln eine Holzperle ein und ziehen beide mit einem Steppstich zusammen. Fünf Blütenblätter ergeben zusammengefügt eine Blüte. Den Faden vernähen wir am Ende und schneiden den Rest ab.

Printen

Zutaten:
- 250 g Zuckerrübensirup
- 100 g brauner Zucker
- 2 EL Wasser
- 75 g braunen Kandiszucker
- 300 g Dinkelmehl 1050
- 1/2 TL Lebkuchengewürz
- 1/2 TL Backpulver
- 50 g gehackte Haselnüsse
- 25 g klein gehacktes Zitronat
- Milch zum Bestreichen

Zubereitung:
Den Zuckerrübensirup mit dem braunen Zucker und dem Wasser in einem Topf zum Kochen bringen. So lange rühren, bis sich der Zucker aufgelöst hat, und dann abkühlen lassen. Den Kandiszucker in einen Gefrierbeutel geben und mit einem Fleischklopfer in kleine Stücke schlagen oder in einem Mörser fein zerdrücken. Nun das Mehl mit dem Gewürz, dem Backpulver, den Nüssen und dem Zitronat vermischen. Die abgekühlte Zuckermasse dazugeben und zu einem glatten Teig verkneten. In Alufolie eingepackt drei Stunden ruhen lassen.

Jetzt den Teig auf einer bemehlten Unterlage ca. 1/2 cm dick ausrollen. Mit einem Messer Rechtecke ausschneiden, auf ein mit Backpapier ausgelegtes Blech legen und mit Milch bestreichen. Im vorgeheizten Backofen 10 Minuten bei 180 °C backen. Nach dem Abkühlen in einer Dose aufbewahren.

Vom kleinen Tannenbaum

Im Wald hinter der Wiese, gleich nach der ersten Lichtung, stand ein winzig kleiner Tannenbaum. Recht einsam fühlte er sich zwischen all den großen Buchen und Eichenbäumen, die zwar alle seine Verwandten waren, aber doch nicht direkt zu seiner Familie gehörten. Manchmal vernahm der kleine Tannenbaum, wie die größeren, wenn ihre Blätter im Wind rauschten, über ihn tuschelten: «Wo mag er wohl herkommen? Weit und breit gibt es hier doch keine Tannen.» Ganz traurig wurde da der kleine Tannenbaum. Sein sehnlichster Wunsch war es, größer zu werden, so groß wie seine Nachbarn, die Buchen und Eichenbäume, um einmal Weihnachtsbaum werden zu können. Es war aber bestimmt noch lange bis dahin. Hase und Fuchs mussten sehr aufpassen, wenn sie des Nachts durch den Wald streiften, dass sie den kleinen Tannenbaum nicht umtraten, weil er so unscheinbar dastand.

Als ein Jahr vergangen war, konnte man kaum sehen, dass der kleine Tannenbaum gewachsen war. Immer noch sah er recht unscheinbar aus. Selbst die Rehe hatten schon Mitleid und beschlossen, seine zarten neuen Triebe nicht zu fressen.

Eines Tages, im Winter, kam ein Förster in den Wald. An einige Bäume malte er rote Markierungen. Nur wenige Tage danach hörte man auch schon die Motorsägen der Waldarbeiter. Die markierten Bäume wurden gefällt. Sie waren zu Brennholz bestimmt. Einige wenige kamen zur Möbelfabrik, um zu Schränken verarbeitet zu werden.

Der kleine Tannenbaum, der wie durch einen Zufall von den Waldarbeitern nicht zertreten wurde, konnte jetzt zum ersten Mal den Himmel und die Sonne sehen. Er reckte sich ihnen entgegen. Er streckte sich, um noch mehr zu erblicken. Bald war er schon drei Ellen hoch.

So verging ein ums andere Jahr. Wieder nahte Weihnachten heran. Da wurden Tannenbäume aus dem Wald geholt – natürlich nur die schönsten. Verkäufer brachten sie in die Stadt für das bevorstehende Fest. Am Morgen des Heiligen Abends waren alle Bäume verkauft. In der ganzen Stadt gab es keinen einzigen Tannenbaum mehr. Deshalb musste der Förster nochmals in den Wald, denn er wollte für sich und seine Familie auch noch einen Baum holen.

So machte er sich auf den Weg und kam an die Stelle, an der einst zwischen großen Buchen und Eichenbäumen ein winziges Tannenbäumchen stand. Inzwischen war dort aber eine wunderschöne, stattliche Tanne zu sehen. «Die ist gerade recht für uns», sagte der Förster. Der Tannenbaum war ganz aufgeregt. «Sollte ich wirklich des Försters Weihnachtsbaum werden?», fragte er sich. In seinen kühnsten Träumen hätte er das nicht zu hoffen gewagt. Der Weihnachtsbaum der Försterfamilie reichte vom Fußboden bis zur Zimmerdecke. Er war sehr ebenmäßig gewachsen und wurde mit bunten Kugeln, Strohsternen, Holzfiguren, Kerzen und Äpfeln geschmückt. Als am Abend die Kerzen brannten, sah er sehr feierlich aus. Viele strahlende Gesichter mit glänzenden Augen sahen an ihm empor. Sehr glücklich und zufrieden fühlte sich der Tannenbaum. Er war der schönste Weihnachtsbaum, den die Försterfamilie jemals hatte. Das erzählte man sich noch viele Jahre danach.

Ich hab geträumt

L. Henning

1. Ich hab geträumt, im blauen Raum, da wuchs ein großer Sternenbaum und leuchtet durch das Dunkel mit goldenem Gefunkel.

Und aus den Zweigen schaute vor der lieben Engel froher Chor,
der singet und der klinget, die Mondenwiege schwinget.

Darinnen strahlt in lauter Licht ein sonnenhelles Angesicht,
die Mutter neigt sich linde herab zu ihrem Kinde.

Vom Schlafe bin ich aufgewacht, vergangen ist die tiefe Nacht,
schon weckt mit lichtem Scheinen das Morgenrot die Seinen.

23. Dezember

Zwiesprach

Maria: Joseph, lieber Joseph, mein,
wo kehren wir heut abend ein?

Joseph: Jungfrau, liebste Jungfrau mein,
ein Stall soll in der Nähe sein,
das wird wohl unsre Herberg' sein.

Maria: Joseph, liebster Joseph, mein,
was wird des Kindes Wiege sein?

Joseph: Jungfrau, liebste Jungfrau mein,
im Stall ein altes Krippelein,
das wird des Kindes Wiege sein.

Maria: Joseph, liebster Joseph, mein,
was wird des Kindes Windlein sein?

Joseph: Jungfrau, liebste Jungfrau mein,
ein altes Hemde nicht zu fein,
das wird des Kindes Windlein sein.

Maria: Joseph, liebster Joseph, mein,
wo kehren wir denn morgen ein?

Joseph: Jungfrau, liebste Jungfrau mein,
dann kehren wir im Himmel ein.

Maria: Joseph, liebster Joseph, mein,
der Engel wird unser Begleiter sein.

Volksgut

Seidenpapierengel

Material:
- weißes Seidenpapier
- gelbes Seidenpapier
- Schere
- Klebestift
- Bleistift

Anleitung:
Entsprechend unserer Vorlage auf der nächsten Seite übertragen wir die einzelnen Teile auf das Seidenpapier, wobei die Teile für den Kopf und die Hände auf gelbes Seidenpapier und die übrigen Teile auf weißes Seidenpapier gezeichnet werden. Mit dem Bleistift drücken wir nur leicht auf, sodass man den Strich gerade noch sehen kann. Die Vorlage kann aus dem Buch herauskopiert und beliebig vergrößert werden. Möchte man mehrere Engel anfertigen, ist es ratsam, sich eine Vorlage aus Karton zu machen, die dann beliebig oft einfach nur umfahren werden muss.

Nachdem wir alle Teile sorgfältig ausgeschnitten haben, beginnen wir mit dem Zusammenkleben. Es ist zu empfehlen, möglichst wenig Kleber an verschiedenen Stellen anzubringen. Zuerst werden die beiden Kopfteile übereinander geklebt. Dann wird der Kopf am Kleid befestigt. Es folgen die beiden Arme und die Hände. Nun wenden wir den Engel und kleben die beiden Flügel am Kleid fest. Mit transparenten Klebestreifen kann der fertige Engel an einem Fenster befestigt werden.

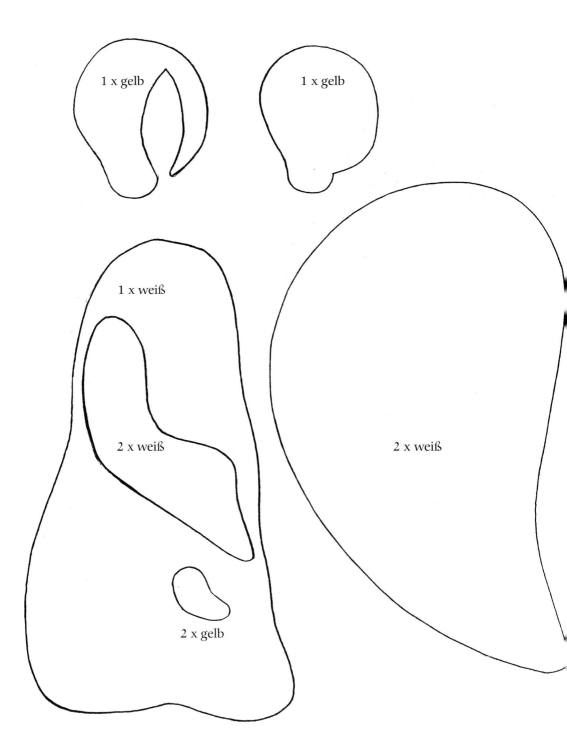

Vorlage in 50 % der Originalgröße

Weihnachtsmandeln

Zutaten:
- 250 g Mandeln
- 100 g Vollmilchschokolade
- 1/2 Würfel Kokosfett
- 1 TL Zimt
- 1/2 TL Lebkuchengewürz
- etwas Puderzucker

Zubereitung:
Die Mandeln auf einem Backblech ausbreiten und im Backofen bei 150 °C 10 Minuten rösten. Währenddessen das Kokosfett in einem Topf bei sehr schwacher Hitze zum Schmelzen bringen. Dann die Schokolade dazugeben und ständig rühren. Zum Schluss kommen die Gewürze und die noch warmen Mandeln dazu. So lange vorsichtig umrühren, bis alle Mandeln mit Schokolade umhüllt sind. Auf einem mit Backpapier ausgelegten Blech werden die Mandeln einzeln zum Erkalten ausgebreitet. Ist die Schokolade fest geworden, werden sie vom Backblech gelöst, in eine flache Schale gegeben, mit Puderzucker bestreut und umgemengt. Weihnachtsmandeln müssen kühl aufbewahrt werden.

Vertauschte Schuhe

Mit einem kleinen Kind kann ein Elternteil das Spiel allein spielen. Dafür werden von jedem Familienmitglied ein oder mehrere Schuhpaare durcheinander in die Mitte gelegt. Nun sollen die Schuhe paarweise wieder zusammenfinden.
Möchte man dieses Spiel in einer Gruppe spielen, sitzen die Kinder im Kreis. Ein Teilnehmer wird vor die Tür geschickt, während die anderen ihre Schuhe durcheinander in die Mitte legen. Der Spieler wird wieder hereingebeten und muss die Schuhe paarweise ihren Besitzern wieder zuordnen. Dies kann auch, je nach Alter der Kinder und Größe der Gruppe, mit einer bestimmten Zeitvorgabe geschehen.

Vom Himmel hoch da komm ich her

Text: Martin Luther 1534 Melodie: Leipzig 1539

1. Vom Himmel hoch da komm ich her, ich bring euch gute neue Mär.
Der guten Mär bring ich so viel, davon ich singen und sagen will.

Euch ist ein Kindlein heut gebor'n
von einer Jungfrau auserkor'n
ein Kindelein so zart und fein,
das soll eu'r Freud und Wonne sein.

Es ist der Herr Christ, unser Gott,
der will euch führ'n aus aller Not,
er will eu'r Heiland selber sein,
von allen Sünden machen rein.

Lob, Ehr' sei Gott im höchsten Thron,
der uns schenkt seinen eig'nen Sohn;
des freuet sich der Engel Schar
und singet uns solch neues Jahr.

24. Dezember

Des Herrn Gebet

Der Mensch war Gottes Bild.
Weil dieses Bild verloren,
Wurd Gott, ein Menschenbild,
In dieser Nacht geboren.

Andreas Gryphius

Christuskind aus Wolle für die Krippe

Material:
- weiße und gelbe Wolle im Vlies
- Nähzeug

Anleitung:
Ein 10 – 15 cm langes weißes Wollstreifchen binden wir in der Mitte ab, falten es zusammen und binden ein kleines Köpfchen ab. Die Zipfel am anderen Ende schlagen wir nach innen. Um das Köpfchen verteilen wir feine gelbe Wolle als Haare, die wir mit winzigen Stichen festnähen. Ein weiteres 10 bis 15 cm langes Wollstück schlagen wir ähnlich einem Wickeltuch um Kopf und Körper des Christuskindes. In der Regel haftet die Wolle von allein, sodass ein Festnähen nicht erforderlich ist.

Vegetarisches Festtagsmenü

Das Festmenü lässt sich gut am Vortag vorbereiten. Lauchsuppe und Möhrengemüse werden fertig zubereitet und am Festtag nur erwärmt. Der Grießpudding wird bereits gekocht und kaltgestellt. Die fertige Salatsoße kann ebenfalls im Kühlschrank aufbewahrt werden. Am Festtag selbst sind dann nur noch der Salat zu putzen, die Pellkartoffeln zu kochen und die Käseschnitzel zuzubereiten.

Lauchsuppe

Zutaten:
- 2 – 3 Stangen Lauch
- 1 l Wasser
- 2 EL Mehl
- 125 ml Sahne oder Milch
- Salz und Suppengewürz zum Abschmecken

Zubereitung:
Den Lauch putzen, in feine Ringe schneiden, waschen und in einem Liter Salzwasser garen. Kaltes Wasser und 2 EL Mehl in einem Schüttelbecher gut vermengen, zu der Lauchbrühe geben und aufkochen lassen. Mit Sahne oder Milch verfeinern und mit Salz und Suppengewürz (Brühwürfel) abschmecken. Heiß servieren.
Tipp: Püriert man das Ganze, kann es als Lauchcremesuppe, garniert mit einem Crème fraiche-Häubchen, serviert werden.

Gemischter grüner Salat

Alle im Winter erhältlichen Blattsalate sind geeignet, je nach Belieben Feldsalat, Endivien, Chicorée, Friséesalat usw. Den Salat putzen, waschen, kleinschneiden und gut abtropfen lassen.

Salatsoße

Zutaten:
- 1 TL Salz
- 1 TL Zucker
- 1 TL Sahnemeerrettich
- 1/2 TL scharfer Senf
- 3 EL Naturjogurt
- 3 EL süße Sahne
- 1 EL Milch
- 2 EL Himbeeressig
- evtl. 1/2 TL Knoblauchgranulat

Alle Zutaten in einem Schüttelbecher oder Salatshaker gut durchschütteln und die Soße kurz vor dem Servieren über den Salat geben.

Möhrengemüse

Zutaten:
- 500 g Möhren
- 1/8 l Wasser
- 1 TL Salz
- 1/2 TL Zucker
- 2 EL Mascarpone (italienischer Frischkäse)
- 1 TL getrocknete Petersilie

Zubereitung:
Die Möhren waschen, mit einem Spargelschäler schälen und in Scheiben schneiden. In 1/8 l gesalzenem Wasser dünsten. Nach dem Garen Zucker und Mascarpone im Gemüsesud auflösen. Mit getrockneter Petersilie bestreuen.

Käseschnitzel

Zutaten (pro Person):
- 100 g mittelalter Gouda, 1 cm dick geschnitten
- Wasser, Mehl, Semmelbrösel, Ei zum Panieren
- Margarine zum Backen

Zubereitung:
Den Käse erst mit kaltem Wasser befeuchten, dann in Mehl wenden, mit verquirltem Ei und Semmelbröseln sorgfältig von allen Seiten panieren. Die Käseschnitzel werden bei mittlerer Hitze von beiden Seiten knusprig gebacken. Beginnt der Käse auszulaufen, sollten sie serviert werden. Dazu schmecken Pellkartoffeln.

Grießpudding mit Sauerkirschen

Zutaten:
- 1/2 l Milch
- 50 g Dinkel- oder Weizengrieß
- 1 Prise Salz
- 1 EL Zucker
- 1 Glas Sauerkirschen

Zubereitung:
Die Milch mit Zucker und Salz zum Kochen bringen. Den Grieß zur heißen Milch geben und unter ständigem Rühren 5 bis 10 Minuten bei mittlerer Hitze kochen. Im Topf völlig abkühlen lassen. Den Pudding mit einem Esslöffel portionieren und mit Sauerkirschen servieren.

Das Weihnachtsevangelium nach Lukas

Es trug sich zu in jenen Tagen, dass der Cäsar Augustus den Befehl ergehen ließ, es sollte über den ganzen Erdkreis hin eine Volkszählung abgehalten werden. Es war das erste Mal, dass eine solche Volkszählung stattfand. Sie fiel in die Zeit, als Quirinius Statthalter der Provinz Syrien war. Und alle Welt machte sich auf zur Einschreibung, jeder zog in die Stadt seiner Herkunft.

So zog auch Joseph aus Nazareth in Galiläa nach Judäa in die Stadt Davids, die den Namen Bethlehem trägt. Denn er stammte aus dem Hause und Geschlechte Davids. Er wollte sich zur Volkszählung melden mit Maria, seinem Weibe. Und Maria war schwanger. Als sie an das Ziel der Reise kamen, erfüllte sich die Zeit, da sie gebären sollte, und sie gebar einen Sohn, ihre Erstgeburt, und wickelte ihn in Windeln und bettete ihn in eine Krippe, denn sie hatten in der Herberge keinen Raum mehr gefunden.

Und es waren in der Nähe Hirten auf dem Felde. Sie hüteten und umhegten von Nachtwache zu Nachtwache ihre Herden. Da stand auf einmal der Engel des Herrn vor ihnen, und das Licht der Gottesoffenbarung umleuchtete sie. Ein großer Schrecken bemächtigte sich ihrer, aber der Engel sprach: Fürchtet euch nicht, siehe, ich verkündige euch die große Freude, die der ganzen Menschheit zuteil werden soll; heute ist euch der Bringer des Heils geboren in der Stadt Davids: Christus, der Herr. Und daran sollt ihr ihn erkennen: Ihr werdet ein Kindlein finden in Windeln gewickelt, das in einer Krippe liegt.

Und mit einem Male war um den Engel die Fülle der himmlischen Engelschöre versammelt; ihr Lobgesang tönte zum göttlichen Weltengrund empor:

Geoffenbaret sei Gott in den Höhen
und Friede auf Erden
den Menschen, die eines guten Willens sind.
Und als die Engel von ihnen wichen, wieder aufgenommen von den Himmels-Sphären, da sprachen die Hirten zueinander: Lasst uns nach Bethlehem gehen, damit wir die Erfüllung des Wortes sehen, das uns der Herr kundgegeben hat. Und sie gingen in Eile und fanden Maria und Joseph und das Kindlein, das in der Krippe lag. Und als sie es sahen, erkannten sie die Wahrheit dessen, was ihnen über das Kind gesagt worden war. Und sie breiteten die Botschaft aus, und alle waren erstaunt über die Worte der Hirten. Maria aber behütete und bewegte diese Worte in ihrem Herzen. Und die Hirten kehrten heim; göttliches Licht erstrahlte aus den Worten, mit denen sie den Weltengrund priesen für alles, was sie gehört und gesehen hatten. Was zu ihnen gesprochen worden war, hatte sich wirklich erfüllt.
(Lukas 2, 1-20 übersetzt von Emil Bock)

Stille Nacht, heilige Nacht

Melodie: Franz Gruber 1818 Text: Joseph Mohr 1818

1. Stille Nacht, heilige Nacht! Alles schläft, einsam wacht nur das traute hochheilige Paar. Holder Knabe im lockigen Haar, schlaf in himmlischer Ruh, schlaf in himmlischer Ruh!

Stille Nacht, heilige Nacht!
Hirten erst kundgemacht;
durch der Engel Halleluja
tönt es laut von fern und nah:
: Christ der Retter ist da :

Stille Nacht, heilige Nacht!
Gottes Sohn, o wie lacht
Lieb aus deinem göttlichen Mund,
da uns schlägt die rettende Stund,
: Christ der Retter ist da :

Die Weihnachtszeit

Die Zeit vor Weihnachten, die Adventszeit, dient der äußerlichen und innerlichen Vorbereitung des Festes. Es folgt das Fest und die Festeszeit. Das sind die zwölf Tage nach dem Heiligen Abend.

Die Tage vom 25. Dezember bis zum 6. Januar waren schon von alters her eine besondere Zeit. Die Germanen glaubten, dass in dieser Zeit die Sonne still stehe und die bösen Geister und Hexen ihr Unwesen trieben. Man müsse sich vor ihnen in den «Raunächten», wie diese Jahreszeit auch genannt wurde, in Acht nehmen. Das Schmiedefeuer durfte nicht entfacht werden, das Spinnrad musste ruhen, und vor allem durfte keine Wäsche gewaschen, aufgehängt oder geflickt werden.

Dem alten germanischen Kalender mit 354 Tagen, nach dem Mondrhythmus berechnet, fehlten zwölf Tage für die Übereinstimmung mit dem Rhythmus des Sonnenjahres. So wurden zum Jahreswechsel zwölf Tage eingeschoben, die man noch heute vielerorts «die Zeit zwischen den Jahren» nennt. Diese Zeit sollte in Ruhe und Stille verbracht werden, um sich vor Unheil zu bewahren. Lediglich die Neujahrsnacht mit Feuerwerk und Böllerschüssen erinnert uns an den Brauch der Dämonenvertreibung.

Zwischen Weihnachten und dem Dreikönigsfest liegen zwölf Tage und zwölf Nächte. Manche Menschen bezeichnen diese Spanne auch als die Zeit der zwölf heiligen Nächte. Die Tage vom 25. Dezember bis zum 6. Januar können auch als Vorblick auf die kommenden zwölf Monate verstanden werden – Besinnlichkeit und Meditation lassen viele Interpretationen zu. Auf jeden Fall sollte man sich über Gestaltungsmöglichkeiten einige Gedanken machen und diesen Tagen als Festeszeit ein besonderes Gewicht geben. Vielleicht können wir sie vorsehen für ausgiebige Spaziergänge, Spielenachmittage, Treffen mit Freunden, für Abende am Kamin oder bei Kerzenschein zum Erzählen und Austauschen, für Nachdenken und Planen, gemeinsames Kochen und Essen, Vorlesen, um Fotos anzuschauen und so weiter.

Die zwölf heiligen Nächte

Zwölf geweihte Nächte stehen
Um die Wiege eines Jahres
Wie beim Königskind die Feen,
Schenken Gutes ihm und Wahres.

In der Weihenächte Mitte
Wird das neue Jahr geboren,
Und mit leicht beschwingtem Schritte
Huldigt ihm der Zug der Horen.

In der Nächte tiefem Schoße,
Sagt man, ruhn des Jahrs Geschicke.
Darum fallen ihm die Lose,
Wie es segnen ihre Blicke.

Wie sie still das Jahr begaben,
Werden sich die Monde zeigen
Was sie vorgezeichnet haben,
Muss vollenden sich im Reigen.

Zwölf der Monde, noch verborgen,
Dann ihr Angesicht enthüllen;
Wie das Heute, so das Morgen
Will mit neuem Werk sich füllen.

Zwölf der Bilder gehen im Kreise,
Eilen, Tag und Jahr zu runden.
Ihrer Ordnung gleicherweise
Fügen Monde sich und Stunden.

Jede, wann sie dir begegnet,
Kann begnaden dich mit Freude;
Mit besondren Kräften segnet
Jede: keine drum vergeude!

Wie in Schnee, der frisch gefallen,
Wanderfüße Stapfen graben,
Lässest Spuren du in allen.
Was sind, Wandrer, deine Gaben?

Hermann Siegel

31. Dezember

Das Schöne bewundern,
Das Wahre behüten,
Das Edle verehren,
Das Gute beschließen:
Es führet den Menschen
Im Leben zu Zielen,
Im Handeln zum Rechten,
Im Fühlen zum Frieden,
Im Denken zum Lichte;
Und lehrt ihn vertrauen
Auf göttliches Walten
In allem, was ist:
Im Weltenall,
Im Seelengrund.

Rudolf Steiner

Wie der Kaiser geheilt wurde

Heute ist Silvester. Das ist der letzte Tag im Jahr. Großvater und Großmutter sind zu Besuch, und am Abend kommen noch Tante Ute und Onkel Christian. Onkel Christian bringt bestimmt Raketen mit! Mama hat gesagt, wenn ich einen ausgiebigen Mittagsschlaf mache, dann darf ich aufbleiben, bis die Raketen gezündet werden. Ich freue mich schon so darauf! In der Küche bereiten Mama und Großmutter leckere Sachen für das Abendessen vor. Sie haben keine Zeit für mich, und naschen darf ich auch nicht. Großvater sitzt im Sessel. Er hält die Zeitung vor sein Gesicht. Ab und zu raschelt er damit. Es ist nicht zu glauben, wie lange Erwachsene still sitzen können, ohne auch nur ein Wort zu sagen. Nach einer Weile halte ich es aber nicht mehr aus. «Du, Großvater …» – «Ja?» – «Warum heißt eigentlich der letzte Tag im Jahr Silvester?» – «Weil an diesem Tag ein Papst mit dem Namen Silvester gestorben war.» – «Ist das schon lange her?» – «Ja, das ist schon lange her», sagt Großvater, faltet seine Zeitung zusammen, nimmt mich auf seinen Schoß und beginnt zu erzählen:

«Silvester lebte im 4. Jahrhundert, in einer Zeit, in der Christen wegen ihres Glaubens verfolgt und auch getötet wurden. Deshalb versteckte sich Silvester in einer Berghütte ganz in der Nähe von Rom. Er war Priester und verbrachte seine Zeit im Gebet. Ab und zu besuchten ihn Christen seiner Gemeinde, um bei ihm Unterschlupf zu finden oder durch ihn von Gott zu hören.

Während dieser Zeit bekam Rom einen neuen Kaiser namens Konstantin. Dieser Kaiser war zwar auch ein Heide, aber den Christen wohlgesonnen. Konstantin litt an Aussatz. Er war im Gesicht, an den Händen und am ganzen Körper übersät mit hässlichen Geschwüren, die mit einem üblen Geruch einhergingen. Die besten Ärzte wurden zu Rate gezogen, um Abhilfe zu schaffen. Doch es war kein Mittel gegen diese Krankheit gewachsen. Niemand wusste einen Rat, der wirklich half.

Eines Nachts schlief Konstantin sehr unruhig, und er hatte einen Traum. Zwei Männer erschienen ihm, von denen er nicht wusste, wer sie waren. Sie sprachen: «Nur die Gnade unseres Herrn kann dich heilen.»

Am nächsten Tag grübelte Konstantin darüber nach. Wer waren die beiden? Und was wollten sie ihm sagen? Auch seine Ratgeber wussten keine Antwort auf seine Fragen. Einer jedoch empfahl, Silvester, den weisen Mann, der in der Einöde wohnte, hinzuzuziehen. Noch am selben Tag wurden Boten in die Berge geschickt, um Silvester zu suchen und zum Kaiser zu bitten.

Konstantin empfing Silvester wie einen Fürsten. ‹Kannst du mir helfen?›, fragte er ihn. ‹Weißt du meinen Traum zu deuten?› Silvester antwortete: ‹Die beiden Männer, das waren die Apostel Paulus und Petrus. Sie sind Fürsprecher der Menschen bei Gott. Wer sich zu diesem Gott bekennt, wird Gnade und Heilung erfahren.›

Konstantin war sehr bewegt von dieser Deutung. Er ließ sich von Silvester in der Religion der Christen unterrichten. An dem Tag, an dem Silvester den Kaiser taufte, wurde er von seinem Aussatz befreit und ein guter Christ.

Silvester aber konnte von nun an wieder als Papst in Rom seines Amtes walten. Er starb am 31. Dezember 335. Dieser Tag ist auch sein Namenstag, an dem wir seiner gedenken können.»

Großvater hat gerade seine Geschichte fertig erzählt, als es an der Tür klingelt. Tante Ute und Onkel Christian sind gekommen und haben wirklich Silvesterraketen mitgebracht!

Sesamcracker

Zutaten:
- 250 g Dinkelmehl 1050
- 1 TL Salz
- 50 g Margarine
- 50 g Sesam
- 150 – 175 ml Milch

Zubereitung:
Das Mehl in eine Schüssel sieben, Salz, Margarine und Sesam darauf verteilen. Die Milch in einem Topf erwärmen und darüber gießen. Alle Zutaten zu einem glatten Teig verkneten. Auf einer bemehlten Unterlage den Teig dünn ausrollen, runde Cracker (3 bis 4 cm Durchmesser) ausstechen und auf ein mit Backpapier ausgelegtes Blech setzen. Im vorgeheizten Backofen bei 200 °C 5 bis 10 Minuten backen.

Knusperstangen (Grissini)

Zutaten:
- 500 g Mehl 1050
- 1 TL Salz
- 1/2 Würfel Hefe
- 250 ml Wasser
- 100 g Butter oder Margarine
- 2 EL Olivenöl

Zubereitung:
Das Mehl in eine Schüssel geben und in die Mitte eine Mulde drücken. Salz, Olivenöl und die klein geschnittene Butter auf dem Rand verteilen. Im lauwarmen Wasser die Hefe auflösen, in die Mulde gießen und alles zu einem Teig verkneten. Zugedeckt an einem warmen Ort 30 Minuten gehen lassen.
Jetzt nochmals den Teig durchkneten, zu einer

langen Rolle formen und ihn dann in kleine Stücke schneiden. Diese zu ca. 20 cm langen, höchstens fingerdicken Stangen rollen. Auf ein geöltes Backblech legen und 15 Minuten gehen lassen. Vor dem Backen die Knusperstangen mit Wasser bestreichen. Im vorgeheizten Ofen bei 220 °C 10 Minuten backen.
Tipp: Cracker und Knusperstangen, zusammen mit Kräuterquark-Dipp, Rohkostteller und / oder Käsewürfel, sind eine sättigende Leckerei.

Rätsel

Es steht ein Mann vor unserm Haus,
doch kommt die Sonne, ist es mit ihm aus.
(nnameenhcS) *Volksgut*

Apfelschalenspiel

Jeder Teilnehmer bekommt einen blank polierten Apfel und ein scharfes Messer. Nun soll der Apfel so geschält werden, dass die ganze Schale an einem Stück bleibt. Die Schale lässt man auf ein Blatt Papier fallen, ohne an der dabei entstehenden Form zu manipulieren. Ähnlich wie beim Bleigießen betrachtet jeder seine eigene Form und meditiert darüber. Nach einer Weile tauscht man sich mit den anderen Teilnehmern über die Form jedes Einzelnen aus. Es ist immer wieder erstaunlich, was man in den unterschiedlichen Formen sehen und wie man sie in Bezug zu einem Menschen oder seinem Leben setzen kann. Vorsicht aber vor Überinterpretationen, denn es handelt sich hier um ein Spiel! Die Äpfel werden natürlich zwischendurch gegessen.

Das alte ist vergangen

Aus Westfalen

1. Das alte ist vergangen, das neue angefangen:
Glück - zu, Glück - zu im Neuen Jahr.

Das alte Jahr muss weichen,
Das neue einher schleichen.

Das alte lasst uns schließen,
Das neue freundlich grüßen.

Frischauf zu neuen Taten,
Helf Gott, es wird geraten!

1. Januar

Neujahrswünsche

Herr! Schicke, was du willt,
Ein Liebes oder Leides;
Ich bin vergnügt, dass beides
Aus deinen Händen quillt.

Wollest mit Freuden
Und wollest mit Leiden
Mich nicht überschütten!
Doch in der Mitten
Liegt holdes Bescheiden.

Eduard Mörike

Glücksschweine oder Neujahrsbrezeln

Zutaten:
- 500 g Mehl 1050
- 1 Prise Salz
- 80 g Butter oder Margarine
- 1 EL Honig
- 1 Würfel Hefe
- 250 ml Milch oder Wasser
- zum Bestreichen 1 Eigelb oder Sahne
- für die Augen einige Rosinen oder Korinthen

Zubereitung:
Das Mehl in eine Schüssel geben und in die Mitte eine Mulde drücken. Salz, Honig und die klein geschnittene Butter auf dem Rand verteilen. In der lauwarmen Milch die Hefe auflösen, in die Mulde gießen und alles zu einem Teig verkneten. Zugedeckt an einem warmen Ort 30 Minuten gehen lassen.
Den Teig durchkneten und auf einer bemehlten Unterlage fingerdick ausrollen. Mit einem Glas, ca. 7 cm Durchmesser, und dem Drehverschluss einer Flasche, ca. 3 cm Durchmesser, Kreise für Kopf und Schnauze des Glücksschweins ausstechen und von der Unterlage mit einem Messer lösen. Die großen Kreise für den Kopf können gleich auf ein mit Backpapier ausgelegtes Blech gesetzt werden. Für die Schnauze mit einer Stricknadel Löcher in den kleinen Kreis stechen und auf den Kopf setzen. Aus dem restlichen Teig mit einem Messer Ohren schneiden oder zwischen den Fingern formen. Zwei in Eiweiß getauchte Rosinen werden als Augen in den Teig gedrückt.
Zum Schluss die Glücksschweine mit Eigelb oder Sahne bestreichen. Bei 170 °C ca. 15 bis 20 Minuten backen.
Für Neujahrsbrezeln teilen wir den Teig dieses Rezeptes in zehn gleich große Stücke. Jedes Teil rollen wir zu einer ca. 40 cm langen Schlange und formen sie zu einer Brezel. Mit Eigelb oder Sahne bestreichen und bei 170 °C ca. 15 bis 20 Minuten backen.
Tipp: Aus einem Rezept können sowohl Glücksschweine als auch Neujahrsbrezeln entstehen. Sie sind ein nettes Geschenk für Nachbarn und Freunde – oder aber wir erfreuen uns selbst an ihnen beim Frühstück am Neujahrstag.

Kerzen aus Bienenwachsresten

Nach Weihnachten haben sich eine Menge Wachsreste angesammelt, die für neue Kerzen verwendet werden können.

Material:
- Bienenwachsreste
  (andere Wachsreste müssen farblich sortiert werden)
- Gießformen (z.B. Eiskonfektformen, kleine Schälchen oder Tonformen)
- Kerzendocht
- eine leere Kaffeedose
- Gummi
- Kochtopf
- Topflappen

Anleitung:
In einem Topf setzen wir bei mittlerer Temperatur Wasser auf. Von den Kerzenstummeln schneiden wir mit einer Schere den schwarzen Dochtrest ab und geben die Stummeln mit den anderen Bienenwachsresten in die Kaffeedose. Diese stellen wir in das heiße Wasser des Topfes, sodass das Wachs schmilzt. Den Kerzendocht ziehen wir einmal durch das flüssige Wachs. Während der Docht abkühlt, achten wir darauf, dass er gerade trocknet. Nun schneiden wir ihn in die gewünschte Länge und klemmen ihn zwischen zwei Holzspieße, die am Ende mit Gummi zusammengehalten werden. Wir legen die Spieße quer über die Form, sodass der Docht in der Mitte hängt. Jetzt gießen wir das flüssige Wachs durch ein Sieb in die Form und lassen es erkalten.

Da Bienenwachskerzen länger brennen, wenn sie gut ausgehärtet sind, können diese Kerzen fürs nächste Jahr aufbewahrt werden.

6. Januar

Zum Dreikönigstag

Walthauser ist ein König wert,
Ihm wallt der Bart bis auf die Erd.
Was bietet er dem Kinde hold?
«Ein Becherlein aus lautrem Gold.»

Der Kaspar ist pechrabenschwarz.
Er bringt dem Kind ein heilig Harz.
«Des Weihrauch würzig Düftelein,
Das hülle dich in Wolken ein.»

Der Melchert hat ein blau Gewand.
Was trägt er in der rechten Hand?
«Weil ich der König Melchert bin,
Reich ich dem Kind die Myrrhen hin.»

Marianne Garff

Das Weihnachtsevangelium nach Matthäus

Und die Geburt Jesu Christi hat sich so zugetragen:

Maria, seine Mutter, war dem Joseph angetraut. Ehe sie sich jedoch eines Zusammenseins bewusst waren, fand es sich, dass sie ein Kind empfangen hatte unter dem Walten des Heiligen Geistes. Joseph, ihr Gatte, der bestrebt war, im Sinne der Gerechtigkeit zu leben, wollte ihr nichts Böses nachsagen und beschloss, ihr Geheimnis nicht anzutasten.

Während er noch darüber nachsann und mit sich zu Rate ging, siehe, da erschien ihm der Engel des Herrn im Traum und sprach zu ihm: Joseph, Sohn Davids, lass dich nicht beirren, Maria als dein Weib zu dir zu nehmen. Was sich in ihrem Schoße regt, ist unter dem Walten des Heiligen Geistes empfangen. Sie wird einen Sohn gebären; dem sollst du den Namen Jesus geben, denn er wird die Seinen von der Sünde heilen. Dies alles ist geschehen, damit das Wort in Erfüllung gehe, das der Herr durch den Mund des Propheten gesprochen hat:

Siehe, die Jungfrau wird schwanger sein,
einen Sohn wird sie gebären,
Immanuel wird man ihn nennen.

Das heißt übersetzt: In unserer Mitte ist Gott.

Als Joseph sich vom Schlaf erhoben hatte, befolgte er die Weisung des Engels und nahm Maria zu sich als sein Weib. Eines Zusammenseins mit ihr war er sich nicht bewusst, bis sie ihren Sohn gebar. Und er gab ihm den Namen Jesus.

Als nun Jesus geboren worden war zu Bethlehem in Judäa, unter der Regierung des Königs Herodes, siehe, da kamen Priesterkönige aus den Reichen des Ostens nach Jerusalem und sprachen: Wo ist der Neugeborene, der zum König der Juden bestimmt ist? Wir sahen seinen Stern in den Reichen des Ostens und sind gekommen, um unsere Knie vor ihm zu beugen.

Als der König Herodes die Frage vernahm, wurde er bestürzt und verwirrt und mit ihm die ganze Stadt Jerusalem. Er rief alle Hohenpriester und Schriftgelehrten des Volkes zusammen und befragte sie: Wo soll der Christus geboren werden? Und sie antworteten: Zu Bethlehem in Judäa, heißt es doch in den prophetischen Büchern:

Bethlehem im Lande Juda,
du bist nicht die letzte unter den Führerstätten in Juda;
denn aus dir geht hervor der große Führer,
der Hirte meines Volkes Israel.

Da lud Herodes die Priesterkönige zu sich und erforschte von ihnen in vertraulichem Gespräch genau die Zeit, da der Stern erschienen war. Und er wies sie nach Bethlehem und sprach: Ziehet hin und erkundet genau, was ihr über das Kind erfahren könnt. Und wenn ihr es gefunden habt, so bringt mir die Botschaft. Dann will auch ich hinziehen, um mich vor ihm zu beugen.

Nach diesen Worten des Königs brachen sie auf. Und siehe, der Stern, den sie in den Reichen des Ostens gesehen hatten, zeigte ihnen den Weg, bis er über dem Hause stand, da das Kindlein war. Und als sie den Stern sahen, wurden sie von großer Freude ganz erfüllt. Sie traten in das Haus ein und erblickten das Kind und Maria, seine Mutter, und fielen anbetend vor ihm nieder und taten ihre Schätze auf und brachten ihre Gaben dar: Gold, Weihrauch und Myrrhen.

Ein Traumgesicht aber gab ihnen die Weisung, nicht zu Herodes zurückzukehren, und so zogen sie auf einem anderen Wege wieder heim in ihr Land.

(Matthäus 1,18 – 2,12 übersetzt von Emil Bock)

Königskuchen

Zutaten:
- 5 Eier
- 250 g Zucker
- 200 g Butter
- 1/8 l Milch
- 1 Prise Salz
- 350 g Mehl
- 1 Päckchen Backpulver
- 1 Päckchen Vanillezucker
- 1 TL Zimt
- 1 Messerspitze geriebene Muskatnuss
- 1 Messerspitze geriebene Nelken
- 200 g Schokostreuseln oder Raspeln
- 1 Mandel

Zubereitung:
Die Eier mit dem Zucker und der weichen Butter schaumig rühren. Milch, Salz, Vanillezucker, Zimt, Muskatnuss, Nelken und Schokostreusel hinzufügen. Das Mehl mit dem Backpulver vermischen, sieben und unterheben. Den fertigen Teig in eine Gugelhupfform füllen und eine Mandel in den Teig drücken. Bei 175 °C eine Stunde backen.
Wer das Kuchenstück mit der Mandel bekommt, ist der König und für diesen Tag von der Mithilfe im Haushalt befreit. Selbstverständlich sind auch andere Privilegien für den König denkbar.

Drei Könige aus Wolle für die Königskrippe

So wie sich die Weihnachtsgeschichte bei Lukas von der des Matthäus unterscheidet, bauen wir die Hirtenkrippe anders als die Königskrippe auf.

Wir legen einen kleinen Tisch mit gelben Seidentüchern aus. Maria und Josef stehen in einem Haus, das ganz mit gelben Seidentüchern umhüllt ist. Das Kind liegt nicht in der Krippe, sondern wird von Maria auf dem Arm gehalten. Im Hintergrund befindet sich ein blaues Tuch mit einem Schweifstern.

Die drei Könige stehen andächtig vor dem Haus, am Dreikönigstag legen sie die Geschenke ab und wenden sich zum Gehen. Zwölf Kerzen für die zwölf Apostel können im Halbkreis um die Figuren aufgestellt werden.

Material für die Könige:
- weiße Wolle im Band (Neuseeländer)
- grüne, braune, gelbe, blaue, graue und rote Wolle im Vlies
- Goldkordel
- 3 Pfeifenputzer
- Nähzeug

Anleitung:
Für die Herstellung der Figuren beginnen wir, wie bei Maria und Josef beschrieben, mit weißer Wolle im Band (siehe Seite 48). Einer der drei Könige hat ein braunes Gesicht und braune Hände, jedoch ebenfalls ein weißes Kleid. Die Könige haben Mäntel, die bis auf den Boden reichen, die Zipfel werden unten eingeschlagen. Ihre Kleider und die Mäntel sind mit Goldkordel bestickt und ausgestattet. Dabei ist die Fantasie jedes Einzelnen gefragt. Der rote König hat blonde Haare, da er der Jüngste ist, der blaue hat graue Haare, er ist der Älteste, und beim dunklen König sind die Haare unter

dem Turban verschwunden. Jeder König hat passend zur Farbe seines Mantels eine königliche Kopfbedeckung
Nun braucht jeder noch sein Geschenk für das Kind. Wir filzen eine kleine gelbe Kugel als Gold für den roten König, ein Gefäß für Weihrauch für den dunklen König und eine Schale für die Myrrhe. Sie werden den Königen lose in die Hand gegeben, damit sie die Geschenke beim Kind ablegen können.

Gestaltungsvorschläge für den Dreikönigstag

Für den Dreikönigstag gibt es bei uns wenig traditionelles Brauchtum. Am bekanntesten ist wohl das Sternsingen, das vor allem in katholischen Gegenden praktiziert wird. Drei Kinder sind als Könige verkleidet und ziehen von Haus zu Haus. Meist sind sie schon einige Tage vor dem 6. Januar unterwegs. Sie bitten mit einem Spruch oder Lied um eine Spende für Kinder in armen Ländern. Mit Kreide hinterlassen sie auf dem Türrahmen ihre Initialen «C + M + B» und die Jahreszahl. Ihr Besuch soll den Bewohnern des Hauses Glück bringen. In der Regel sind die Kinder von einem Erwachsenen der Kirchengemeinde begleitet.
In einigen Orten, meist an Waldorfschulen oder in anthroposophischen Einrichtungen, wird ein Dreikönigsspiel aufgeführt. Hat man

die Gelegenheit, eine solche Aufführung sehen zu können, sollte man sie auch nutzen. Sie erleichtert es, sich mit dem Inhalt dieses Festtages zu verbinden und auseinanderzusetzen. Jedes Jahr kann man beim Anschauen eines Dreikönigsspiels wieder Neues entdecken und sich seine Gedanken darüber machen. So beispielsweise darüber, dass das Kleid des Herodes – im Gegensatz zu dem der drei Könige – nicht bis zum Boden reicht.

Der Dreikönigstag könnte der rechte Zeitpunkt sein, unseren Weihnachtsbaum abzuschmücken, denn häufig beginnen selbst kostbare Edeltannen schon Anfang Januar im Zimmer zu nadeln. Falls wir den Baum mit Lebkuchen, Plätzchen oder anderen Süßigkeiten geschmückt hatten, ist das «Abnaschen» eine willkommene Beschäftigung für den Nachmittag. Vielleicht kommen dazu gerne Kinder zu Besuch. Oder man vereinbart mit einer befreundeten Familie, sich jedes Jahr am Dreikönigstag zu treffen. Ein Königskuchen

(siehe Seite 127) könnte ein weiterer Höhepunkt für diesen Tag sein.
Nun kann der trockene, ausgediente Weihnachtsbaum zu einer Sammelstelle gebracht werden oder aber im Kamin, im Kachelofen oder in einer Feuerstelle im Garten verbrannt werden. Mit einer Gartenschere werden die Äste von der Spitze an nach und nach abgeschnitten. Aus der Spitze wurde früher ein Quirl hergestellt. Dafür kürzte man den oberen Ästekranz, und ein Stück des Stammes blieb als Griff stehen. Die Rinde wurde mit einem Messer säuberlich entfernt, und danach wurde das Holz mit Speiseöl eingerieben. Ein solcher Quirl, den man im Haushalt immer wieder braucht, hielt zumindest bis zum nächsten Weihnachtsfest.

Verbrennt man den Rest des Weihnachtsbaumes, so knistern die Zweige herrlich im Feuer und verströmen noch einmal einen angenehmen Duft. Eine solche Atmosphäre eignet sich zum Geschichtenerzählen oder -vorlesen. Auch ein Spieleabend mit den letzten Plätzchen könnte den Dreikönigstag ausklingen lassen.

Rätsel

Wer folgte dem Stern bei Nacht
und hat dem Kinde Gold,
Weihrauch und Myrrhe gebracht?
(eginöK ierd negilieh eiD)   *Christel Dhom*

Rätsel

So zart wie Seide,
aber kein Stoff.
So weich wie ein Fell,
aber kein Tier.
Lebt nur im Frühling –
die Bienen sagen's dir.
(nehcztäknedieW)
Christel Dhom

Dreikönigslied

Irmgard Mancke

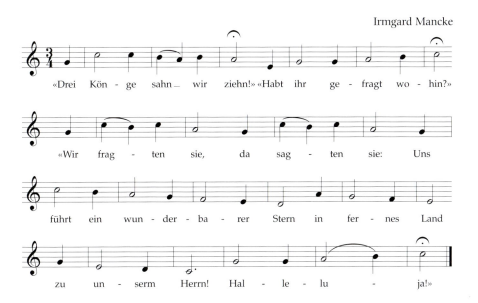

2. «Die Kön'ge ritten schnell!»
   «Schien denn der Stern auch hell?»
   «Wir fragten sie, da sagten sie:
   Der Stern scheint hell und leuchtend schön,
   in seinem Licht ein Kind wir sehn! Halleluja!»

3. «Zum Stalle traten sie ein.»
   «Und grüßten sie auch fein?»
   «Wir fragen sie, da sagten sie:
   Zur Erde nieder auf die Knie
   fiel'n wir vor Jesus und Marie. Halleluja!»

4. «Sie brachten Gaben dar.»
   «Wisst ihr auch, was es war?»
   «Wir fragen sie, da sagten sie:
   Wir opfern Weihrauch, Myrrhe, Gold,
   Herz, Geist und Will dem Kindlein hold. Halleluja!»

Verzeichnis der Lieder

Am Weihnachtsbaum 66
Aus hohem Wolkenschlosse 34
Das alte ist vergangen 121
Dreikönigslied 131
Es ist ein Ros entsprungen 58
Es ist für uns eine Zeit gekommen 11
Es kommt ein Schiff 76
Ich hab geträumt 105
Ich nah mich Herr zu dir 25
Ich steh an deiner Krippen hier 51
In Mitten der Nacht 70
Joseph, lieber Joseph mein 85
Klinge, o Glöckchen 79
Kommet, ihr Hirten 94
Lasst uns froh und munter sein 29
Leise rieselt der Schnee 54
Maria durch ein Dornwald ging 42
O du fröhliche 63
O Tannenbaum 101
Still, still, still 46
Stille Nacht, heilige Nacht 115
Über Sterne, über Sonnen 15
Vom Himmel hoch da komm ich her 110
Was soll das bedeuten 89
Wiegela, Wiegela, Weihenacht 38
Winternacht 20

Verzeichnis der Gedichte

Advent (Hedwig Diestel) 12
Advent (Rainer Maria Rilke) 16
Am 4.Dezember (Josef Guggenmoos) 21
Aus dem Schnee gar wundersam (Georg Unterbuchner) 55
Das Büblein auf dem Eise (Friedrich Güll) 52
Das Schöne bewundern (Rudolf Steiner) 118
Der Traum (Hoffmann v. Fallersleben) 102
Der Winter (Matthias Claudius) 95
Des Herrn Geburt (Andreas Gryphius) 111
Die Weihnachtszwerge (Christel Dhom) 43
Die zwölf heiligen Nächte (Hermann Siegel) 117
Es kam der Frost (Justinus Kerner) 80
Holler, holler, Rumpelsack (Aus dem Hunsrück) 35
Ich bin mehr als das tote Gestein (Albert Steffen) 90
Knecht Ruprecht (Theodor Storm) 26
Neujahrswünsche (Eduard Mörike) 122
Nimm dir Zeit (Irische Weisheit) 39
Nun kommt für uns die schöne Zeit (Hannes Kraft) 8
Sankt Nikolaus (Christel Dhom) 30
Vom Himmel in die tiefsten Klüfte (Theodor Storm) 59
Weihnachten (Joseph v. Eichendorff) 77
Weihnachtslied (Clemens Brentano) 71
Welche Tanne ist die Beste (Hedwig Diestel) 64
Winter (Fritz Amsler) 86
Winternacht (Volksgut) 67
Wird Christus tausendmal (Angelus Silesius) 47
Zum Dreikönigstag (Marianne Garff) 126
Zwiesprach (Volksgut) 107

Quellenangaben

Nun kommt für uns eine schöne Zeit von Hannes Kraft aus «Scheine, Sonne scheine», Verlag Freies Geistesleben.

Wir flechten zum Feste von Hedwig Diestel aus «Weihnachtszeit mit Kindern», Werkgemeinschaft Kunst und Heilpädagogik, Weißenseifen, bzw. «Verse zur Eurythmie für Kinder».

Am 4. Dezember von Josef Guggenmoos aus «So geht das Jahr durchs Land», Verlag Otto Maier, Ravensburg.

Aus dem Schnee gar wundersam von Georg Unterbuchner aus «Weihnachtliches Spruchbüchlein», Ogham Verlag.

Welche Tanne ist die Beste von Hedwig Diestel aus «Weihnachtszeit mit Kindern», Werkgemeinschaft Kunst und Heilpädagogik, Weißenseifen.

Winter von Fritz Amsler aus «Scheine, Sonne scheine», Verlag Freies Geistesleben.

Ich bin mehr als das tote Gestein von Albert Steffen aus «Gedichte», Verlag für Schöne Wissenschaften.

Das Schöne bewundern von Rudolf Steiner aus «Wahrspruchworte», Rudolf Steiner Verlag.

Die 12 heiligen Nächte von Hermann Siegel aus «Weihnachtliches Spruchbüchlein», Ogham Verlag.

Zum Dreikönigstag von Marianne Garff aus «Scheine, Sonne scheine», Verlag Freies Geistesleben.

Dreikönigslied aus: «Weihnachtszeit mit Kindern», hrsg. Von der Werkgemeinschaft Kunst und Heilpädagogik Weißenseifen. Mit freundlicher Genehmigung von Irmgard Mancke.

Bezugsquellen

Imkereibedarf, Bienenwachs, Dochte:
Hammann
Fabrikstraße 6
67454 Hassloch
Telefon 0 63 24 / 30 01

Märchenwolle im Band und im Vlies:
Seehawer & Siebert
Naturfasern
Heuberger Hof 1
72108 Rottenburg

Majos Wollknoll
Forsthausstraße 7
74420 Oberrat-Neuhausen

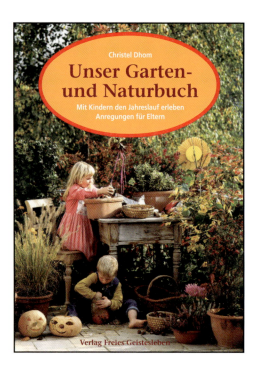

Christel Dhom

Unser Garten- und Naturbuch

Mit Kindern den Jahreslauf erleben.
Anregungen für Eltern

*135 Seiten mit zahlreichen farbigen Abbildungen,
Fotos und Zeichnungen, gebunden*

Unser Garten- und Naturbuch enthält eine Fülle von Anregungen, wie man zusammen mit Kindern die Natur wahrnehmen und erleben kann. Für jeden Monat hat Christel Dhom charakteristische Verse und Geschichten, Lieder und Rätsel, Bastelanleitungen und Kochrezepte zusammengestellt. Darüber hinaus bietet das Buch für jede Jahreszeit bewährte Vorschläge und Beobachtungshinweise: Was können wir auf unseren Spaziergängen erleben? Was gibt es im Garten zu tun? Was schenkt uns die Natur zum Basteln, Spielen und künstlerischen Gestalten? Ein Natur-Erlebnisbuch, das alle Sinne der Kinder anspricht.

Verlag Freies Geistesleben

Christel Dhom

Unser Frühjahrs- und Osterbuch

Mit Kindern den Jahreslauf erleben
von Fasching bis Pfingsten

*127 Seiten mit zahlreichen farbigen Abbildungen,
Fotos und Zeichnungen, gebunden*

Ob ein Faschingsfest geplant wird, man eine passende Geschichte zum Vorlesen für die Passionszeit, neue Dekorations- und Bastelideen für Ostern oder einfach ein gutes Rezept für einen Osterbrunch sucht – hier findet man zahlreiche Anregungen dazu. Darüber hinaus schreibt Christel Dhom über den Hintergrund der christlichen Feste, über ihre Entstehung und Bedeutung. So ist dieses Buch ein willkommener Ratgeber und unentbehrlicher Begleiter für die Frühlingszeit.

Verlag Freies Geistesleben

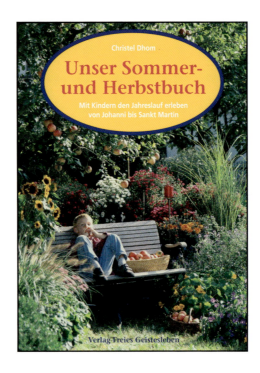

Christel Dhom

Unser Sommer- und Herbstbuch

Mit Kindern den Jahreslauf erleben
von Johanni bis Sankt Martin

*128 Seiten mit zahlreichen farbigen Abbildungen,
Fotos und Zeichnungen, gebunden*

Unser Sommer- und Herbstbuch enthält neue Anregungen – seien es Bastelideen und Rezepte, Lieder, Gedichte oder Spiele – zur Gestaltung der Jahresfeste in der Sommer- und Herbstzeit. Dazu gehören Johanni, ein Sommer- oder Gartenfest, Michaeli, Erntedank, Halloween und Sankt Martin sowie Feiern zum Abschied aus dem Kindergarten und zum ersten Schultag. Die Feste stehen in engem Zusammenhang zur Natur und orientieren sich an ihrem Rhythmus.

Christel Dhom möchte Familien mit Kindern im Vor- und Grundschulalter durch das Jahr und seine vielfältigen und besonderen Momente begleiten.

Verlag Freies Geistesleben